Lister Martin

Historia animalium Angliae

Lister Martin

Historia animalium Angliae

ISBN/EAN: 9783337815240

Printed in Europe, USA, Canada, Australia, Japan

Cover: Foto ©ninafisch / pixelio.de

More available books at **www.hansebooks.com**

MARTINI LISTER

E

SOCIETATE REGIA
LONDINI

HISTORIÆ
ANIMALIUM ANGLIÆ
TRES TRACTATUS.

UNUS DE

ARANEIS.

ALTER DE

COCHLEIS
Tum Terrestribus tum Fluviatilibus.

TERTIUS DE

COCHLEIS MARINIS.

Quibus adjectus est Quartus de Lapidibus ejusdem Insulæ ad Cochlearum quandam imaginem figuratis.

Memoriæ & Rationi.

LONDINI,
Apud *Joh. Martyn* Regiæ Societatis Typographum, ad insigne Campanæ in Cœmeterio D. *Pauli,* 1678.

Lectori S.

Decennium est, ex quo plurima nostræ Insulæ Insecta descripsi; atq; ex iis cùm Araneos, quâ ferè nunc sunt methodo, disposuissem, eorum specimen non ita diu pòst publici juris feci. At nè animi quidem impetum in has res celabo: etenim, cùm olim otio idoneo fruebar, in agrum Lincolniensem me contuli; ubi non horas tantùm, aut dies aliquot, sed menses benè multos in harum minutarum bestiolarum investigatione totus impendi. Harum autem descriptiones per proximam hyemem recensui. Cùm verò Araneorum genus & specierum numero, & vitæ ratione præ cæteris insigne mihi visum est, illud inprimis selegi; & quantum per negotia liceret, in hunc usq; diem subinde aliquid novi adjiciendo adauxi. Reliquas autem Notas ferè neglexi, universo Cochlearum genere excepto; quod in eandem methodum similiter compegi, atq; illi subjungendum esse putavi, ut simul ederentur. Atq; hæc quidem de Operis origine.

Illud autem in hoc Opusculo præcipuè institui;

Ad Lectorem.

tui; nimirùm singulorum Generum Bestiolas, quàm accuratissimè in species diducere; cujus illa certè singularis utilitas esse possit; ut, si quæ in posterum præclara experimenta de his Animalibus aliorum industria confecerit, ea tuto huc referri possint, suisq; quæq; locis rectè disponantur. Mihi interea illud satis supérq; est, ea primùm nostra Animalia seculo indicâsse rerum Naturæ studiosissimo. Qui verò simile opus aggressi fuerint, ii tandem intelligant, quantum sudavimus, résq; adeò minutas, vel extremâ lineâ certò cognoscere, esse aliquid.

Cùm autem pleraq;, quæ hîc habentur, ad fidem sensûs referri possint, in id maximè incubui, nè ipse primùm deceptus, posteros in errorem ducerem. Summam sanè diligentiam adhibui, ut veras species distinguendo, non multiplicando citra necessitatem, singulas, minutissimis licèt, fidissimis tamen Observationibus, quæ ad animalium mores vitámq; spectarent, exornarem.

Alicui fortè in Descriptionibus nimius esse videbor; nam reliquas Notas quod attinet, eæ in singulis speciebus omninò propriæ & peculiares sunt. At ea fateor multo plura fuerunt, quàm nunc sunt; siquidem multa à me præcisa & repurgata sunt: quæ verò supersunt, non utiq; videntur omittenda, aut supervacua.

Scribendi.

Ad Lectorem.

Scribendi autem rationem quod attinet, scire licet, eam ipsis rebus non extrinsecam esse & arbitrariam, sed à propriis earum naturis desumptam, iisq; maximè convenientem, atq; adeò memoriæ rationíq; summopere utilem.

Præterea illud de Araneis monere debemus, universas sc. descriptiones ad fœminarum Exemplaria factas esse. Nam & hæ multo sæpius occurrunt, quàm mares; & in his notæ characteristicæ, ob summam picturæ elegantiam, maximè illustrantur.

Rursus omnium ferè Animalium figuras coram me delineandas curavi; ut optimus artifex, non suum tantùm conceptum, ut fieri solet, exprimeret; sed, quò facilius acciperet, quæ uniuscujusq; speciei maximè depingendæ essent Notæ, eas primùm digito indicavi. Nam in his hominibus, quæ aliàs laudabilis, nunc nè concedenda quidem licentia est; siquidem non hîc quid in positu, aut animalis figura jucundius; sed quid ei vivo simillimum sit, & quo promptius rectiúsq; à reliquis discriminetur, præcipuè desideratur. Id quod maxima ex parte præstitum esse confido. Aliquot, fateor, & me malè habet, è multis Picturæ desunt; quòd ipsa animalia, cùm Pictor mecum adfuit, habere non potui: at eæ admodum paucæ sunt, sc. asteriscis in Tabulà notatæ.

Postremò,

Ad Lectorem.

Postremò, etiamsi libri Titulus Araneos Cochleásq; Angliæ ferat, nolo tamen aliquis existimet, aut horum generum Bestiolas omnes nostras omnino me conscripsisse, aut illas esse nostras tantùm, atq; huic Insulæ peculiares, ac si non alibi terrarum inveniantur. Illud tamen audacter affirmo, neminem apud nos ullam novam speciem à me non descriptam temerè invenire posse: quot verò diligentiam nostram effugerint, alii videant. Item illud alterum propriis ipse oculis aliqua ex parte didici, ex nostris sc. bestiolis aliquas species cum transmarinis Europæis communes esse; imò nullus dubito, quin bonam etiam partem hujus generis animalium totius Europæ comprehendat. Atq; eâ Latinè evulgari idcirco volui.

ARANE-

Januarii 2. 1672.

In Concilio R-gi* Societatis, Londini
ad Secretariu* Naturalem promovendam infignura.

T*Ractatum Thalm Martini Lister Hiftoria Animalium Angli*
Tres Tractatus, &c. Imprimatur, à
J. . . . . oi*e Societatis Ty-
pagra*h*

J. Williamfon, P. R. S.

Januarii 2. 1677.

In Concilio *Regiæ Societatis, Londini* ad Scientiam Naturalem promovendam inftitutæ.

Tractatus cui Titulus Martini Lifter Hiftoriæ Animalium Angliæ Tres Tractatus, &c. *Imprimatur à* Johanne Martyn *dictæ Societatis Typographo.*

J. Williamfon, *P. R. S.*

ARANEORUM ANGLIÆ
LIB. I.
De *Araneis in genere.*

CAP. I.

De Araneorum partibus tum externis tum internis.

1. Telis, ab ipſo ore procedentibus, univerſi *Tela.* Aranei donantur; at ea duorum, ſicut ipſi aranei, generum ſunt: vel enim ex duobus ſpiculis in modum forcipis hamatis conſtant, ut omnibus Octonoculis; vel ex duobus brachiis forcipatis, ſive in binos digitos diductis, more Cancrorum marinorum, ut Binoculis: ab illis verò ictus venenatus & perniciofus,quòd iis tela admodum tenuia & anguſta ſint, & quæ facillimè in corpus penetrent & altè inſideant; ab his fortè innocuus morſus, quòd ea obtuſa & vix ad ictum inferendum nata.

Eorum autem, cujuſcunq; generis ſint, ſubſtantia ferè cruſtacea & fragilis eſt.

Maribus binoculorum Tela in acuta genicula eminent.

Utriuſq; generis maribus Tela & majora & validiora ſunt, duplicemq; iis uſum præſtant, ad vim inferendam, ut in arripiendis & occidendis Muſcis, aut illatam vim repellendam ulciſcendámve.

B   2. Item

De Araneis in genere.

Cornicula.

2. Item univerſis Araneis binæ Antennæ ſive Cornicula ſunt; hæc proximè ſupra Tela capiti inſerta; hæc, perinde ut pedes, è quibuſdam juncturis conſtant.

In fœminis Octonoculis & utriuſq; ſexûs Binoculis ferè æquali craſſitie ſunt; in maribus verò Octonoculis ea extrema velut quibuſdam capitulis ſive nodis turgent; in maribus autem Phalangiis iidem nodi latiores & magis depreſſi.

In univerſis certè ad blandè palpandum data.; an verò alius eorum uſus ſit, me non ſatis perſpicere fateor. Vt uterq; Penis ſit, vel è quo penis exeritur in maribus Octonoculis, & alternatim in coitu adhibitus, aliquando exiſtimavi; an rectè id quidem, alii mecum videant.

Caput.

3. Ipſum a. Caput nullâ inciſurâ ab humeris pectoréve diſcernitur; in pleriſq; verò Octonoculis ipſis humeris inſeritur in modum literæ Romanæ V, cujus baſis frontem indicat.

Oculi.

4. Oculorum, magnitudinem quod attinet, multiplex differentia eſt; at his numerus tantùm vel octonarius vel binarius, an ſenarius in ullo inveniatur, multùm dubito; certè in Phalangiis id minimè verum eſt.

In nonnullis omnes oculi æqualis magnitudinis ſunt; in aliis in triplicem ferè diducuntur.

Eorum etiam ſitus maximè diverſus eſt, ut aliam atq; aliam figuram conſtituant.

Item his color non unus; qui tamen ferè niger, interdum purpuraſcens, rufeſcens aut viridis.

Horum autem uſus non ad prædam tantùm commodius diſcernendam, ſed in reticulis etiam conficiendis inſignis eſt.

Pedes.

5. Octo pedes pectori inſeruntur; horum verò longitudinem quod ſpectat, multiplex varietas, neq; in hâc re cedunt oculis. Nam ex his alii priores pedes, alii poſtremos, alii ſecundos longiſſimos habent: deinde in aliis primi

De Araneis in genere.

mi & postremi quatuor intermedios ; in aliis quatuor primi totidem posteriores longitudine superant: rursus in nonnullis alternatim disponuntur, ut secundi primos, & quarti tertios excedant. Quorsum hæc inquies ? respondeo, eadem Muscas & reliqua insecta capiendi necessitas pro victu, in varios modos Naturam coëgit.

Omnibus araneis internodia terna in cruribus.

6. Alvus notabili incisurâ à pectore dividitur ; neq; id tamen perpetuum est: nam binoculi aranei excipiendi sunt ; quorum corpus integrum esse videtur. *Alvus.*

At alvi figura supra omnia accidentia in maximam varietatem discriminatur ; ejúsq; pictura innarrabili elegantiâ delineatur.

7. Ani appendices non obliviscendæ ; quæ an Fistulæ sint ad multorum filorum simplicium simul commodiorem emissionem, vel ad Telarum tantum artificium, (nam huc illuc, dum ab ano deducitur, iis impulsum rectúmq; vidimus) an ad utrumq; conducant, adhuc incertus sum. *Ani appendices.*

8. Alii aranei ferè glabri sunt, alii pilis contecti: alii cutem molliorem, alii ferè crustaceam habent. *Pili. Cutis.*

Atq; hæc hactenus de partibus Araneorum externis: quæ verò sit partium internarum configuratio, ut certò explicem, animalium extrema parvitas prohibet.

9. Nonnulla autem conjecturalia proponam: ut de Utero, qui vel unicâ cellâ constare imaginandus est, in his sc. qui semel ova sua cuncta pariunt ; aut in duas plurésve cellulas distingui, quibus sc. partus multiplex & tempore inæqualis est ; duósq; plurésve Folliculos ovis repletos subinde conficientibus. *Uterus.*

10. Item Intestina non similiter in omnibus configurari ; nam alia existimanda sunt in Octonoculis, quibus sc. excrementa liquida, & alia in Binoculis, quibus eadem figurata & dura sunt ; siquidem idem utriusq; generis araneis ferè promiscuum victûs genus è muscis aliísq; insectis. *Intestina.*

11. Porrò

De Araneis in genere.

Fili conceptaculum.

II. Porrò Fili conceptaculum in aliquibus deeſſe videtur, ut in Binoculis: in Octonoculis verò vel duplex eſt, vel datur etiam filum uterinum. Nam à multis araneis duplex filum, & colore & aliis accidentibus planè diſtinctum, procedit; huic autem poſteriori ſententiæ illud fidem facit, quod ferè circa partum hoc alterum prodit obſervandum.

De iis autem viſceribus, quæ in Pectore inſunt, nè ſuſpicandi quidem locus datur.

CAP. II.

De generatione Araneorum.

ARanei omnes ovipari ſunt.

Coïtu fœcundas fieri nihil dubii eſt; ſiquidem ſuus cuiq; fœminæ mas ſub partûs tempore adeſt, vitámq; tum quaſi conjugalem degunt; at id copulandi tantùm, neutiquam nidificandi, aut Araneolos nutriendi gratiâ fit. Etenim Coïtu peracto diſcedit mas, nec unquam aut certè admodum rarò poſtea conſpicitur cum fœminâ; etſi multiplicem quidem partum ex certis & non brevibus intervallis illa ſæpiùs per æſtatem edat.

Aranei non pariunt, donec ad juſtam magnitudinem perveniant; quod ferè fit intra annum aut plurimùm biennium. Illud certè in ſingulis ſpeciebus ſub partûs tempore obſervare licet; quòd, qui nidificant, cujuſcunq; ſpeciei ſint, ferè omnes ejuſdem magnitudinis ſunt, nec majores facilè reperiantur uſpiam.

Ferè minimi aranei pauca ova pariunt; majuſculis verò admodum numeroſus partus; ex his certè quibuſdam poſſunt eſſe ultra *mille ova* in una æſtate. Ova.

De Araneis in genere.

Ova univerfis araneis fphærica & perfectæ rotunditatis funt.

Ovis cortex mollis, membranaceus, pellucidus: intùs humor unicolor in ejufdem fpeciei araneis; at diverficolor in diverfis eorum fpeciebus; qui etiam eis corticem apparet; eifq; ferè albidum, interdum fubluteum, aut pallidè cæruleum, aut pallidè purpurafcentem colorem dat.

Magnitudine multùm inter fe difcrepant ova; in paucis æquant finapi femina; in plerifq; verò ferè ad papaveris albi femina accedunt.

Ova pauca aut nulla à partu nudè & fine omni tegmine relinquuntur: fed alia membranacei five linteoformes Folliculi includunt; aliis verò laxiora fila ad modum lanæ carminatæ circuminjiciuntur: item alia inter fe cohærent in modum pilulæ, ferè ad lupini figuram depreffæ; in his verò unus ovorum ordo alteri fuperinjicitur, firmitérq; inter fe tota ovorum compages conglutinatur: alia ruptis membranis diffluunt.

Aranei ovis non incubant; neq; enim eorum tactus, ut in pennigeris animalibus, tepifactivus eft; his extremam cutem frigefcere, more ferpentum, exiftimandum eft: ex his tamen nonnulli funt, qui affiduè eorum ovis inhærent, aut aliàs fecum ea geftant; fed ea fætûs cura, non fotus aut incubatio eft.

Tempus ab ovorum partu ad araneolorum exclufionem in plerifq; ad vigefimum primum diem extenditur: id tamen non eft perpetuum: nam ex his funt, qui ad Septembrem menfem parti, per brumam ad primum ufq; ver, & in aliis nonnullis paulò tardiùs, in ovis permanent. Verùm in his pofterioribus non fatis conftat, quot diebus opus fit, à maturationis momento ad fætum edendum; an pluribus, vel totidem tantùm, quot jam numeravimus: mihi fanè durum eft exiftimare, ova per tot menfes continenter maturefcere.

B. 3.

Hist. Animal. lib. I. cap. 27. Ut autem ipsa Ova vermiculi sint, ut vult Aristoteles *; aut ipsi araneoli intùs aliquando sint in ovis in formâ vermiculorum, minùs verisimile est: ex ovis certè ii integri eduntur, & in singulis membris sibi similes.

CAP. III.

De Fili natura, ejusq; emittendi ratione.

ARaneis proprium est, etiam statim ac nati, filum ab ano emittere: at non omnibus; nam de Binoculis id ita esse nondum mihi certò constat: id autem affirmare videtur Mouffetus noster; & mihi levis suspicio est, quòd in fœtus curâ ita esse possit: illud tamen maximè obstat, ipsos binoculos nullâ injuriâ excitari posse, ut filum ostendant, perinde ut fit in octonoculis omnibus.

Mares quoq; non aliter quàm fœminæ, licèt id multo rariùs, & fila projiciunt & interdum reticula texunt.

Fila autem emittendi ratio veteribus ferè incognita est; & à me, quantùm scio, primùm observata, & ante aliquot *n.65. p.2103.* annos Anglicè evulgata est in * Transactionibus Philosophicis dictis Clarissimi Dⁿⁱ *Oldenburgh*. Illud tamen non silendum duxi, esse apud ipsum Aristotelem non leve hujus rei indicium, quod tamen adeò obscurum est, ut id multos etiam doctissimos interpretes non parùm exercue-
Hist. Animal. lib. cap. rit. Verba ejus hæc sunt, * "Aranei statim cùm editi "sunt, fila mittunt, non intrinsecùs tanquam excremen-"tum, ut Democritus ait; sed extrinsecus de suo corpore, "veluti corticem, aut more eorum, quæ villos suos eja-
H. N. lib. 11. cap. 24. "culantur, ut Hystricis. Ita Plinius * ea verba transtulit Latinè. Operis materiæ Uterus (i. e. alvus sive venter, ut rectè F. Redi) aranei sufficit: sive id ita corrupta alvi natura

De Araneis in genere.

tura ftato tempore, ut Democrito placet, five eft quædam intùs lanigera fertilitas. Ut alios multos interpretes recentiores omittam, fic nuper F. Redi in hunc locum. " Erravit Ariftoteles contradicens fapientiffimo Democri-" to, cùm in eâ opinione fuit, Araneos telam fuam non " deducere ex partibus Uteri internis, fed externis totius " corporis, ac fi materia fili lanugo quædam effet, corporis " exteriora per modum corticis ambiens.

Quicquid fit, licèt hæc verba valdè obfcura fint, fi de loco aut fili materia interpretentur ; in iis tamen filum mittendi modum rectè explicuiffe videtur fummus Philofophus. Nam aranei quidem fila fua non aliter, quàm Hyftricæ villos de fuo corpore vi quâdam ejaculantur : in eo differunt, quòd cùm illi ab hyftricis corpore omnino foluti è longinquo ferantur ; araneorum fila, etiamfi longiffima emiffa, adhuc tamen intra ipfius beftiolæ anum adhærent, ut radii ad folem. Atq; ad eundem modum non tantùm araneoli ; fed omnes omnium ætatum, fpecierum, certè ex octonoculis, & fexûs fila emittunt.

At non unum tantùm & fimplex filum, ut ante nos expofitum eft, ab ano emittunt ; fed fæpiùs plurima fimplicia fila fimul ejaculantur, velut totidem micantes radios ad Cometæ caudam. An ipfius ani Appendices in aliquibus araneis, velut Tubuli, huic multiplici filo aliquid faciant, aliàs videndum eft.

Filum autem quodq; fingulare omni ferè pilo tenuius & exilius eft : illud tamen non fimplex & planum, fed ramofum & carminatum effe vult P. Blancanus apud F. Redi. Fortè multiplex filum pro ramofo fumpfit : mihi certè unumquodq; filum & læve & terfum videtur.

*De Gener. In-
fect. Editionis
latinapag. 177.

Filorum una continuitas eft, five ea ejaculatione fponte emittant, five vi & nolente animali manu educantur. Ea autem modò abrumpunt ipfi aranei, modò in exiguos glomerulos niveos, prioribus fc; pedibus celeriter fupra caput

De Araneis in genere.

put circumactis, recolligunt. A priore illâ ratione penè infinita illa filorum simplicium multitudo, ubiq; per terram sparsorum, oritur.

Sed quod omnem fidem superat; & de quo omnino nulla mentio apud antiquos aut recentiores est, Araneolos, aut mediæ certè ætatis & magnitudinis, nam adultos in aëre me nunquam observâsse memini, fili auxilio se committere leni auræ, ascensûmq; in aërem pérq; summas nubes moliri: Illud certè verissimum est, eas longè extra conspectum meum evectos fuisse, etiamsi supra celsissimam Turrem aliquoties de industria contemplarer.

Ad Octobrem verò mensem hanc exercitationem maximè frequentant; quamvis per totum annum, etiam mediâ brumâ, si quando per id tempus sol clarè splendescat, & tranquillus aër sit, hujus quidem ejaculationis non paucos effectus per agros pérq; sepes non rarò animadverti.

Item illud addam, in istis longissimis filis aëreis, jam in funes crassiores, sed inæquales implicatis, à longis fortasse in aëre vectionibus, Muscas casu an de industriâ irretitas me sæpiùs notâsse.

Filorum a. validâ ejaculatione jam cognitâ, facilè intelligemus modum, quo aranei inter duas ex longo intervallo distantes arbores, aut trans amnem aliquem reticula suspendere possint: Id quod antea quàm difficile erat explicatu: vide apud Moufsetum & F. Redi.

Est etiam alia non minùs admiranda Proprietas, nimirùm quòd Aranei, quæ emiserint fila, ea intùs reducere possint: de quo vide Experimentum infrà. Itáq; his in posterioribus duplicem dari potestatem videtur, illi pulmonis in sanguineis animalibus, qui motu reciproco spiritum attrahunt & emittunt, haud dissimilem. In quæstione verò, ubi quæritur, an filorum materia intùs sit, veluti liquida visci massa, aut fili jam figurati conglomeratio? Huic quidem posteriori sententiæ faveret ista fili reciprocatio.

At

De Araneis in genere.

At fili materiam ejúsq; Conceptaculum quod attinet, equidem id succum corporis singularem esse existimo, suóq; ferè proprio vase contineri, ut in Erucis.

Filum a. ex aqua communi coctum, non liquescit; ut, ne igne quidem, si torreatur. Flammam non concipit; sed gummi instar glutinosam retinet naturam.

Fila quidem recenter educta viscida esse videntur, aut certè viscido quodam humore infici; an verò denuò illinantur, ut vult Moufetus noster, dubito. Illud quidem rectè exposuit, eorum materiam esse lentam, glutinosam, sequacem; nec siccitate nec humore ea tenacitatem suam amittere.

Filo autem non unus color; ferè aëreus & pellucidus, quo faciliùs incautæ Muscæ fallantur; est etiam ei subpurpureus, subcæruleus, subviridis. Neq; verò fili una natura est; nam quod molle est, quod asperum, quod tenue, quod crassius vidi : idq; quod magis miror, ab eodem araneo sub partûs tempore; an ideo alterum ab utero, alterum è proprio Conceptaculo exeat; aut idem humor in diversis partibus ejusdem Ductûs alium atq; alium colorem & naturam obtineat?

De diversâ Textrinæ ratione aliàs infrà fusiùs acturi sumus; neq; ut hîc ea jam memorem, opus est. Illud tantùm reprehendendum est in Moufeto aliisq; ubi asserit, Araneolum quemq; nendi & texendi rationem à parentibus edoceri, & cum ætate peritiam acquirere majorem. Cùm hæc pedum fatalis scientia, hic naturalis instinctus sit, nihil dubii est. Certè donec cum matre in nido permanent, nihil texunt; & præter victum nihil curant aut animadvertunt.

Araneolos è nido desumptos fila emittere verum est, præcipuè si quâ injuriâ lacessantur : at id non reticuli conficiendi causâ, sed ut effugiant, fieri consuevit.

Illud autem perpetuum est, Araneolorum retia æquè
C   elegantia

elegantia atq; natu majorum five adultorum, unoq; eodemq; ipfiffimo artificio & formâ confici per fingulas omnium ætatum fpecies. In eo verò difcrimen, quod fortè Moufeto impofuit, ab araneis parvis parva reticula fieri, à fenioribus & majoribus ampliora, atq; ita fecundùm corporis incrementum, retia quibuflibet proportionari. At hoc verum eft tantùm de ejufdem fpeciei araneis; nam funt è mediocribus, quibus retia longè ampliora funt, quàm è majufculis ulli.

C A P. IV.

De Vernationem exuendi ratione.

Senectutem exuere araneos omnes Antiqui prodiderunt, & noftra obfervatio abundè teftatur. An verò id foli octonoculi faciant, aut etiam binoculi, mihi nondum fatis conftat.

Illam verò quotannis fæpiùs, immo fingulis menfibus, fi benè pafti fuerint, exuere, ut Moufetus nofter perhibet, minùs verifimile eft: fiquidem his eadem ratio effe videtur in fenectute exuendâ, atq; avibus in plumis aut quadrupedibus in pilis & cornubus: illis verò cunctis ea femel in anno cadere fatis eft.

Araneoli quidem, paucos poft dies à Nativitate, cuticulam exuunt: Et fi deinde aliam atq; aliam cuticulam, fecundùm eorum incrementum, imò eò ufq; donec ad juftam eorum magnitudinem pervenerint, fc. intra aliquot menfes aut annum exuere putemus; ut in Erucis fieri notum eft; hoc fidem Moufeto eatenus tantùm dabit: id verò in adultis ita fieri, haud libenter concedo.

Illud

De Araneis in genere.

Illud autem perpetuum est ex nostrâ observatione; nimirùm sub initium novi victûs vernalis unicam vernationem in singulis Telis reperire licere; & si per plures menses in eâdem Telâ permaneant, quod plerisq; speciebus mori est, vix & ne vix quidem secundam invenies.

Integram cuticulam exuunt, etiam Telis non exceptis, quæ ferè crustacea sunt, ut jam dictum est; per pectus autem ea finditur, sed quo usq, attendendum.

Omnes Cuticulas, quas per totam vitam exuturi sunt, iis subesse à prima statim generatione, verisimillimum est.

CAP. V.

De Araneorum victu & venandi ratione: ubi etiam de vespis Ichneumonis araneorum hostibus.

Plerisq; araneis, rerum certè & telarum Textoribus, ferè promiscuus victus est, ex omnigenis Muscis; siquidem eorum venatio & præda fortuita est.

Attamen ex his etiam sunt, quibus hæc, quàm illa magis grata est Musca: ideoq; loca telis frequentant, ubi id genus muscæ facilè reperiantur. An vero Venatorii aranei, ut lupi & phalangia, hoc vel illud muscarum genus præcipuè insectentur, mihi nondum observare contigit.

Cibo sui generis utuntur, ut rectè Aristoteles; atq; adeò possint etiam Lacertas aliósve serpentes interficere, ut Plinius perhibet: sed nostrorum araneorum, quod scio, tantus animus non est.

Illud verissimum est, eos quaslibet muscas occidere, non inermes & imbelles tantùm; sed vespas etiam & prægrandes quascunq; Apes, Tabanos, aliáq; insecta perniciosa, ut Scolopendras.

Item

De Araneis in genere.

Item ex his sunt, qui araneorum ova depascunt; ipsos quoq; araneos vel sui vel alterius generis arripiunt; etiam cùm sui juris sunt, & liberè venantur, & non custodiâ vexati.

Araneus quisq; suo victitat labore; mas suo, suoq; fœmina.

Solo muscarum succo, si illarum cadavera rejecta inspicias, vesci videntur: sin autem eorum excrementa quoq; probè examines, in iis etiam particulæ corticum muscarum non paucæ insunt: duriorq; crusta, commune Muscarum tegumentum, in causâ ex parte esse possit, cur non ex toto id devorent, quod edunt. In Cancrorum certè marinorum & Locustarum ventriculo insecta marina integra devorata vidi; ipsæ autem hæ bestiolæ, ex insectis sunt; & ad araneorum genus quàm proximè accedunt.

Aranei nihil recondunt, quòd diu sine cibo vivere possunt; per hyemem verò ex toto abstinent, & ne victum quidem quærunt; ipsiq; ut plurimùm per id tempus telis involuti conquiescunt; at non torpidi interim, sed æquè agiles, ac cùm foràs prodeunt venatum.

Omni etiam anni tempore jejunium diutinum ferre possint; calidis quoq; regionibus etiam per æstatem, non solùm cùm hyems eos necessariò cogat. Araneos, inquit F. Redi, tàm masculos quàm fœminas vasis vitreis excepi; longitudinem vitæ sine alimento inter alia observavi; nonnullis à 15 Julii, quo die capti erant, in finem usq; Januarii producentibus.

At Aranei non omnibus Muscis (ut id obitèr hic notem) adeò terribiles sunt; quin ex Muscis aliquæ sunt, quæ ipsos etiam araneos interficiant; ut quædam Vespæ à veteribus *Ichneumones* dictæ; à Mouseto autem nostro eædem *Muscæ tripiles* appellantur; quòd ex iis pleræq; ab ano perpetuò exerto aculeo, inter duas appendices, vaginæ usum præstantes, medio, insigniuntur.

Quòd

De Araneis in genere.

Quòd autem id genus Muscæ araneorum ova depascunt, inq; ipsis eorum Folliculis ideo suum fœtum pariunt, in altero libro non uno sub Titulo demonstravimus. Quæ quidem observatio malè intellecta, Vesparum Ichneumenôn Fabulæ, apud veteres adeò decantatæ, benè locum dare potuit. De quâ re ita Aristoteles * 'Vespæ 'Ichneumones nuncupatæ, minores quàm cæteræ sunt, 'Phalangia perimunt, occisaq; ferunt in parietinas, aut 'aliquid tale foramine pervium; deinde illinunt luto, atq; 'ex iis incubando suum procreant genus. *Hist. Animal. lib. 1, cap. 20.*

At araneorum Ova non tantùm id genus Vespis victui sunt, dùm in Vermiculo; sed ipsi etiam aranei ab iisdem vespis infectantur, ut rectè Aristoteles: Quod egomet non sine summâ admiratione & delectatione observavi, atq; alii mecum recentiores viri, hujus rei idonei testes.

Goedartius Batavus sic. * 'Musca hæc, cujus figuram 'damus, inquit ille, acerrimus est araneorum hostis, & 'singulari antipathiâ eos persequitur, atq; occidit; cùm 'reliquæ muscæ araneorum reticulis strangulari soleant, iisq; 'pro cibo inservire. Expertus sum muscas prædictas, dum 'aranei muscarum capturæ student, in medio reticulorum 'suorum muscas advolaturas expectantes, eas medias arri- 'pere, & lethali vulnere afficere. Quod ubi animadver- 'tunt aranei, subitò se in terram, filo quodam appensos 'dejiciunt; sed sequuntur muscæ & singulos araneorum 'pedes ordine quodam confringunt, tandem plenâ jam a- 'deptâ victoriâ, cum gaudio corpus aranei ambiunt aliquo- 'ties, præ gaudio quasi exultantes. Id factum ter obser- 'vavi, posteaq; muscam cum araneo jam mortuo avolantem 'vidi. Hæc Goedartius. *Hist. Insect. par. 1. bist. 582.*

Illa autem observatio de araneis retium textoribus facta est; at Bellonius apud Aldrovandum etiam de Phalangio similem refert. 'Animalculum est è vesparum genere, quod 'Ichneumon Vespa appellatur: bellum internecinum ha- 'bet. *Bellonii lib. 2. Observ. cap. 22. apud Aldrov.*

De Araneis in genere.

'bet cum phalangio ; cùm verò eorum pugnam vidimus,
' ipsam commemorare libuit. Infecti genus est, sanguinis
'expers, formâ Apis sive Vespæ, vel magnæ formicæ alatæ
' perquam similis, vespâ tamen minus, in terra etiam suum
' latibulum quemadmodum Phalangium faciens. Superat
' Phalangium quandocunq; id extra suum latibulum inveni-
' re potest; at si in latibulo id adoriatur, sæpenumero re
' infectâ redit. Accedit, ut Ichneumon Vespa Phalangium
' è suo latibulo egressum corriperet, atq; post se traheret,
' quemadmodum formica tritici granum ; idq; quò volebat,
' impelleret, tametsi non sine magnâ difficultate. Nam Pha-
' langium pedum uncis obvia quæq; apprehendens, quan-
' tum poterat, renitebatur. Ichneumon verò suo aculeo,
' quod instar apis exerit, variis in locis ipsum pungebat. De-
' fessus autem istâ pertractatione avolavit hàc illàc ober-
' rans ad balistæ ferè jactum : deinde suum phalangium re-
' quirens, nec quo reliquerat loco inveniens, ejus vestigia
' sequebatur, quasi illa odoraretur, non minùs quàm canes
' leporum vestigia. Deinde inventum plùs quàm quinquagies
' aculeo pupugit, rursumq; pertrahens, quò voluit, perduxit,
' isticq; planè confecit. Hæc Belsonius.

CAP. VI.

De Araneorum veneno.

ANglia, ut opinor, frigidioréfq; regiones minùs terribiles araneos edunt. At nobis nostra etiam phalangia sunt ; quorum utiq; atq; universorum quoq; cæthero-
rum octonoculorum morsus perniciosi habendi, pertime-
scendiq; sunt.

Illud

De Araneis in genere.

Illud experimentum Clariſſimo Harvæo noſtro debemus. *" Ipſemet, inquit ille, aliquando experiendi cauſâ, manum acu pupugi ; mox eandem acum Aranei dente confricans, manum alio loco perforavi, nec potui quicquam diſcriminis inter duas has punctiunculas internoſcere: erat tamen in cute, quod diſcerneret, quippe eodem loco ubi venenata punctio contigerat, ſubito ſeſe in Tuberculum contraxit, induitq; mox ruborem, calorem, atq; inflammationem ; tanquam ad pugnam & nocentis mali expugnationem ſe roboraret & accingeret.

Aranei verò intra ſtomachum recepti, ſive is humanus ſit, de quo inſigne teſtimonium perhibet Moufetus *; ſive alius cujuſlibet animalis, non ſimiliter nocivi; ut non guſtu quidem ſed in vulnere noceant. Aviculis certè pleriſq; in deliciis ſunt; etenim hæ omnigenos araneos indiſcriminatim arripiunt ; cujus rei obſervandæ causâ aviculas in Caveis nutrivi. Quòd verò alvum aviculis moveant, eámve liquidiorem reddant, quantùm nos obſervavimus, minùs verum eſt ; ſummam ſanè alacritatem poſt id genus victum ſemper demonſtrârunt.

Ex parte id quoq; eorum innocentiam probat, quòd ad recentia vulnera araneas i. e. eorum fila adhibuerunt antiqui. Glutinat vulnus (inquit Celſus) ſi levis plaga eſt, aranea : Recentiores etiam ad idem humorem ex eorum corporibus ſtillatitium pro ſecreto habuerunt ; adeò proficuus exiſtimatus eſt.

Item illud accedit, eorum ova etiam à delicatulis Stomachis frequentiſſimè devorari innoxiè, ſcil. cum ceraſo fructu aut aliàs in quovis olere ; inſcienter tamen, ut infrà oſtendam.

De morſu verò Tarantulæ ſive Phalangii Apuli, reliquorúmq; omnium araneorum exoticorum noſtri non eſt inſtituti aliquid ſcribere. Adde quòd iſte effectus, ejuſq; curandi ratio, ut merum figmentum , à doctiſſimo indigenâ

*De gener. animal. exercit. 57.

*De Inſect. pp. 227. 237.

*Philosoph.
Transact. n.
83. p. 4066.

digenâ * ex toto rejicitur. At si qua res sit, illud tantùm quæro, an ista nociva bestiola Phalangium sit nec ne ex nostris notis characteristicis diligenter examinatum: si sit, hominem morsum continenter saltandi desiderio affici non adeò miranda res est, siquidem iste ingrediendi mos est id genus araneis ; similiter homines à canibus rabiosis morsos velut canes latrare proditum est. Atq; adeò istud saltandi desiderium, si quando torpeat, à musicâ excitari verisimile est ; & per accidens sudorem vehementer movendo, ad curationem multùm facere possit.

CAP. VII.

Ubi nonnulla de Araneis in genere habentur à veteribus & recentioribus tradita, quæ partim dubia, partim falsa sunt.

1. ARaneos lanis inclusos Tinearum generationem augere. Aristot.
2. Aversis clunibus araneos copulari. Arist. Plin.
3. Araneos quosdam unicum colore niveo Ovum parere, portaréq; sub ventre, & per vices incubare, mare subinde foeminam juvante. Mouf. N. B. prius verum est, si de folliculo intelligatur ; posterius omnino falsum.
4. Quemq; Araneolum propriam Telam texere discere à matre : Item alibi, nendi & texendi rationem à parentibus edoceri : Item, omnes araneos retiarios telariosq; cum ætate peritiam acquirere majorem. Mouf.
5. Ovis per triduum incubare, menséq; lunari prolem perficere. Aristot. Plin.
6. Lacertas & serpentes occidere.

7. Araneos

De Araneis in genere.

7. Araneos interimi à suis liberis. Arist. Plin.
8. Ova ab initu intra septem dies consummari & concrescere. Arist.
9. Vespas Ichneumones ex Phalangiis mortuis suum incubando procreare genus. Arist.
10. Aranei pariunt Vermiculos ovis similes. Arist. Plin.
11. Pedes posteriores primis semper breviores habere. Mouf.
12. Sereno, quando volutant Muscæ, non texunt, ut aucupio vacent. Mouf.
13. Conjugio vicarias operas subire. Mouf.
14. Phalangiorum paucos, fortè nullos, textrinam exercere. Mouf. quod eatenus falsum est, quòd omnes ad hyberna telas conficiunt.
15. Araneum minutum coccineum sex tantùm pedes habere. Mouf.
16. Nullis filis per transversum actis, ex arctissima quadam villorum in longum continuitate spissam Telam concinnare quosdam araneos. Mouf.
17. Araneos, ut adoleverint, matrimonia contrahere, nunquam nisi morte interitura. Mouf.
18. Senectutem singulis mensibus exuere. Mouf.
19. Generari araneos aliquot ex seminibus aëreis situ & corruptione putrefactis. Mouf.
20. Hiberniam & Angliam non videre, aut non diu sustentare Phalangia. Mouf.
21. Araneos Angliæ permultos intùs devoratos nocere, morsus tamen eorum veneni expertes, & nemini lethales, uti omnium Phalangiorum. Mouf.
22. Araneos domesticos morsus inferre inanes, titillationi quàm dolori propiores.
23. Gallas araneos producere. Matthiol.

D   CAP.

C A P. VIII.

De Medicamentis ex Araneis.

1. EX quovis humore maceratos Febres arcere.
2. Aranei ex oleo vel rosâ cocti ad aurem dolentem.
3. Idem ad oculorum albugines & fluorem.
4. Ceratum ex araneis umbilico adhibitum, ad uteri suffocationem.
5. Idem ad lienis dolorem tumoremq; Plin.
6. Item ad Furunculos impositum araneum.
7. Ex rosâ ad lactis coagulationem.
8. Item ad podagram & serpiginem ex emplastro.
9. Araneas strictè alligatas vulneri, sanguinem sistunt. Celf. Plin.
10. Item ulcera curant, conglutinant, saniae prohibent, inflammationem arcent.
11. Item ad narium hæmorrhagiam, ad menstrua intùs forisve datæ.
12. Quidam cinere Telarum ad eadem uti malunt.
13. Ova araneorum ex oleo nardino denti dolenti adhibita. Galen.
14. Eadem ad Tertianam propinata.

Araneorum Angliæ Tabula.

Aranei
- **Octonoculi**
  - Aucupes à me dicti; qui scilicet Muscas capiendi causâ tendunt
    - **Reticula**
      - Scutulata Antiquis dicta; scil. universis maculis in eodem plano dispositis in modum Scuti sive Orbitæ. *Numero* X.
      - Conglobata; scil. maculis crebris in omnes in circuitu dimensiones procedentibus. *Num.* VI.
    - Telas linteoformes; scil. reticulorum filis densè inter se contextis in modum Veli sive Panniculi. *Num.* VIII.
  - Venatorii, qui aperto marte muscas infectantur; cùm tamen aliàs texere possunt; nimirum telas ad nidificationem & ad hyberna.
    - Lupi, propriè sic dicti. *Num.* IV.
    - Cancriformes. *Num.* II.
    - Phalangia, sive. Aranei pulices assultim ingredientes. *Num.* IV.
- Binoculi, ferè longipedes, Opiliones quibusdam dicti, telis digitatis sive forcipatis, cancrorum marinorum more armati. *Numero* IV.

21.

ARANEORUM ANGLIÆ LIB. II.

PARS I.
De *Araneis Octonoculis*.

SECTIO I.
De Araneis Muscarum prædatoribus in Reticulis.

MEMBRUM I.
De Araneis reticulorum scutulatorum Textoribus.

CAP. I.
De Araneis Reticula scutulata *texentibus in genere.*

IIS Araneis, qui cæteris excellunt in Retium eleganti opere, primum locum meritò dandum existimavi. Quoniam autem ferè similis est Textrinæ ratio in singulis hujus generis Araneis, eam, quantum adhuc mihi observare contigit, paucis præfabor.

Itaq;

De Araneis Octonoculis.

Itaq; scire licet hos Araneos, vel oriente, vel occidente sole, retia sua ordiri; quanquam eos etiam ad meridiem opus instituisse sæpè animadverti. Primùm autem stamina aliquot circa spatium, quod iis est in animo occupare, latè ducunt; ea verò sunt ad suspendendum rete, atq; plura fila in funes crassiusculos coalescunt: mox itidem alia stamina simpliciora sive radios directos in omnes in circuitu partes per medium ducunt; quod cùm exactè ceperint, in eo demittunt lanuginis cujusdam floccos velut bucceas quasdam, haudquaquam dissimiles ipsis filis, nisi quòd ea sint in parvos glomerulos implicata: Tum verò è medio quoquoversum excurrunt, alia atq; alia stamina deducendo; donec eorum justum numerum expleverint; atq; hactenus reticulum Carti cujusdam Orbitam quàm proximè repræsentat. Jam demum ad aliud opus se accingunt, *Maculas* intelligo; quas ferè primùm circa medium nectunt ad quatuor aut circiter earum ordines: deinde ad extrema se recipiunt (intermedio Reticuli spatio aut rarissimis macularum ordinibus intertexto, aut iisdem prorsus vacuo) ubi eandem rem factitant summâ celeritate: ut verò venerint descendendo prope reticuli centrum, ab isto opere tanquam supervacaneo prorsus desistunt, etsi totum spatium non utiq; impleverint macularum ordinibus. Postremò floccos, quos suprà demonstravimus in ipso reticuli centro sub initium laborandi implicatos fuisse, jam decerpunt, ibiq; quasi vestibulum sive foramen patulum sibimet ipsis aperiunt, quo prædam speculentur; quid ni etiam hâc ratione, tanquam ultimâ manu adhibitâ, stamina magis æqualiter disponant, duriúsq; restringant, arctentq;?

In ipso autem opere conficiendo hæc præterea notavi, nimirum, quòd tùm in laborando tùm in speculando semper se continent post aut extra rete: quòd in plerisq; nec stamina nec macularum ordines temerè excedant trigesimum

De Araneis Octonoculis.

mum numerum, utcunq; grande aut parvum spatium velint occupare: quòd tùm macularum subtegmina, tùm ipsa stamina paribus intervallis inter se distant; subinde à medio ad circumferentiam crescentibus: quòd fila circumducunt modò à dextrâ in sinistram, modò contrà: quòd dum bestiola transit ab uno stamine in aliud, filum per se sequitur à ventre remissum, nullóq; pede deductum rectumve: quòd ubi pervenerit egregius artifex ad stamen, cui filum adnecti debet, altero pede ultimo illud prehendit, altero spatium fortasse in stamine metitur; nam illud perpetuò advertere licet, quòd ubi pes ille alter restiterit, ibi, aut valdè propè, an citrà paululùm, etiam indissolubilis nodus maculæ implicatur: quod an is nodus rectè dicendus sit, dubito; illud certò scio, subtegmen singulis maculis ita firmiter adglutinari, ut ipsius animalis, ejusq; prædæ pondus, haud aliquando ita leve, aut etiam vis adhibita, id è loco dimovere non potest citra ruptionem: immo verò aliud observavi, à motu ipsius ani; nimirùm animal singulis staminibus aut ubicunq; nodo opus sit, eo uti tanquam sigillo ad fili materiam veluti liquidam jamq; in aëre prodeuntem, firmandam: insuper quòd prioribus tantùm pedibus ad progrediendum utitur, posteriorésq; operi expeditos habet: postremò retia rescissa ex aliquâ parte aliquando ad polituram resarcit.

Antiqui hujusmodi Opera Reticula *Scutulata*; nos verò *Orbiculata* à figurâ eorum circinatâ appellamus.

Horum autem artifices decem in Anglia vidimus.

Hæ verò sunt notæ quædam communes Retiariorum Orbiculatorum. 1. Habere oculos octo æquali magnitudine; quorum quatuor medii ponuntur in figurâ quadrangulâ, extimi per paria ferè conjunctim in parùm obliquâ lineâ. 2. Habere pedes priores omnium longissimos, tùm secundos, proximè his quartos, brevissimos tertios. 3. Esse ferè glabros. 4. Foliaceâ picturâ in summis clunibus exornari.

C.A.P.

De Araneis Octonoculis.

CAP. II.

De Araneis retiariis in specie: deq; iis imprimis, qui in mediis reticulis prædam assiduè speculantur, quibus nec Domicilia nec Nidi, juxtà positi temerè observentur.

TITULUS I.

Araneus subflavus, alvo præcipuè in summâ sui parte & circa latera albicante, plenâ; oculis nigris pellucidis in capite albicante.

IS autem in mediocribus numerandus est; pedes præcipuè priores habet satis longos, non nimiùm tenues, leviter maculosos, cæterùm subflavos; in iisdem etiam pili rigidiusculi veluti spinulæ, & qui sub nudos oculos facilè cadunt; iíq; à longitudine ita ordinantur; primi sc. omnium longissimi; tùm qui proximi ab his; tertii omnium brevissimi; nam ultimi post secundos numerari debent. Os humeríq; pedibus concolores sunt, & ferè pellucidi; in fronte octoni ocelli, nigri, etiam nudis nostris oculis haud difficulter conspicui, in media sc. fronte quatuor, in formâ quadrangulâ positi ex æquis intervallis; juxtáq; eos ad singulos frontis *superiores* angulos alii bini, ferè conjunctim, certè valdè vicini in lineâ parùm obliquâ. Proximè ab humeris alvus sive *clunes* admodum pleni; deinde paulatim in acumen retusius protenduntur; suprà verò delineatur quoddam folium vestigiis admodum obscuris; per alvi tamen medium it recta lineola satis conspicua,

velut

De Araneis Octonoculis.

velut medius folii nervus; item proximè ab humeris alvus & ad ejus latera utrinq; ferè infignitur præcipuo candore; cæterùm vel inaurantur vel lutefcunt, aliquando ex cinereo aut rufo variantur.

Certè hic & reliqui, (quod fæpiùs dictum nolumus) pro ætate, aut anni tempore, aut cuticula noviter exutâ, colore uno haud fibi conftant; à figura tamen cæterífq; notis beftiola quæq; facilè agnofcenda eft. Medius venter nigricat, circùm luteolus. Hic autem araneus eft glaber, & velut fquamofus mihi certè proximè per vitrum intuenti vifus eft.

Hic verò Araneus frequentiffimus eft à Calendis Maiis *Locus.* ad medium Octobrem, & aliquando tardiùs multo, inter Urticam, Geniftam, & in filvis. Sin autem circa Octobrem tempeftas incidat valdè pluviofa, intra domos & fub tecta fe recipiunt.

Ex his verò qui hyemant circa rivulos montofos, ferè alii videntur; adeò nigricant, illífq; qui in planitie, longè majores funt.

Mares multò ftrigofiores & tenuiores funt; item magis rufefcunt, quàm fœminæ; item iis extrema cornicula tuberculis ferè rotundis, interdum planioribus intumefcunt; quæ longè certiffima nota fexûs mafculini tùm in hoc, tùm in aliis quibufcunq; Araneorum octonoculorum generibus.

Illud autem fingulare eft in Textrinâ hujus beftiolæ; *Reticulum.* quòd ubi femel aliquot circinata fubtegmina five maculas ad medium retis adnexuerit, inde mox alia grandibus intervallis figit, quæ poftea implet, ab extimis defcendendo. Item illud alterum perpetuum eft, nec ullis aliis hujus Familiæ fpeciebus commune; nimirùm quòd craffiufculum filum extrà fubtérq; planum ipfius reticuli deducit, illúdq; unâ extremitate reticuli centro, alterâ fub cavam ripam, aut alibi ufpiam, quò fe tutò recipiat, adfigere folet. Atq;
E   hâc

hâc folâ notâ cùm primùm rete videris, & hunc araneum ejus authorem esse, & ipsum araneum certò investigare possis. Nam si absit retis centro, sub ripam juxta funiculum resedit; at nudè tamen & sine ullo domicilio nidóve, quod usquam hactenus observare potuerim.

De araneâ fœminâ illud addo, eam, ineunte mense Septembri, gravescere: Item in multis iisdem reticulis, jam tùm marem cum fœmina adfuisse. (Etsi marem quoq; proprium rete texentem non semel vidi.) Imò duos trésve mares eandem fœminam circumstetisse, eam tamen se perpetuò continuisse in ejus centro tanquam & solum authorem & venatorem sui reticuli; dum illi, velut totidem proci, ad extima stamina manerent.

Matutino tempore fortè in jucundissimum spectaculum incidi; nimirùm binos mares strenuè pugnâsse, per capita se mutuò mordicùs tenentes, pedibúsq; inter se miris modis implicatis: hos autem separare volui; utrosq; è rete, ubi unâ aderant cum fœmina, in manus meas recipiendo; atq; ita quidem eveniebat; at momento temporis, explicatâ manu iterùm concurrebant ad pugnam.

A Calendis Octobribus hujus speciei aranearum alvos incidi; idq; in viginti & ampliùs fœminis factitavi; verùm in omnino nullâ jam tum ova reperi, quòd paulò antè omnes peperissent; omnibúsq; adeò clunes jam detumuissent.

Illud quoq; notandum, qui nunc mares inveniantur, exeunte sc. Octobri (atq; adhuc quidem multi tùm mares tùm fœminæ in reticulis suis venantur) jam multò contractiore alvo sunt, puta, quòd à coïtu celebrato, vernationem exuerant; idq; ita fuisse, etiam à teneritudine pedum conjicio.

Ex his autem araneis aliquot gravidas sub vitra non semel diligenter servavi; at semper ante partum mortuæ
sunt.

De Araneis Octonoculis.

sunt. Tandem verò aliâ ratione fœturam didici; fortè, exeunte Aprili, ad pedem grandium quercuum in plurimos ovorum folliculos, intra muscum repositos, incidi: hi autem folliculi erant rotundi, è laxioribus filis albidis ad magnitudinem pisi vulgaris; ex his autem aliquot in thecis ligneis servavi, & circa medium Maium hujus speciei Araneolos editos non difficulter cognovi: Postea verò alibi in fenestris domi & in genistâ spinosâ foràs eosdem folliculos sæpiùs inveni, agnovíq;: fieri tamen potest, ut aliquot ex his ovis excludantur ante brumam (nam nisi me mea fefellit observatio, ex his juvenes minutissimos vidi circa Calend. Novembres filorum ejaculatione sese oblectantes) sed multò maxima eorum pars per totam hyemem, sub initium usq; æstatis, in ovo permanent.

Illud quoq; observatione dignum est, tùm in hoc, tùm in aliis nonnullis Araneis, quòd adulti plériq; vel pereunt per hyemem, vel eorum corpora admodum extenuantur ob diuturnam famem; nam vix unum è millenis exeunte Aprili, aut sub initium Maii invenies, qui non sit valdè exilis pro ratione molis, quam, appetente Autumno, habuerunt: huic autem posteriori sententiæ libenter fidem do, quòd idem in Limacibus infrà narrabitur: hi siquidem famem tam diu vix & ne vix quidem sustinent penè enecati: atq; hæc unica ratio Vernationis exuendæ esse videtur in fœminis; nam maribus etiam Venus potest esse in causâ.

Tam hic quàm alii quicunq; Octonoculi aranei excrementa liquida ejiciunt.

Araneos in ipso morsu venenum suum demittere, ideo mihi verisimile est; quòd ab unâ aliquâ hâc bestiolâ à me lacessitâ, lymphæ purissimæ similes guttas exiguas decies & ampliùs intra breve tempus respersas notavi; idq; toties factitavit, quoties mordere voluit: in corio tamen mortuo propter securitatem periculum feci, de meo certè

ludere

ludere nolui; ut an veneficus & quatenus fit ipse lutex, mihi adhuc incompertum est.

TITULUS II.

Araneus rufus, sive avellaneus, cruciger, cui utrinq; ad superiorem alvi partem quasi singula tubercula eminent.

Descriptio.

HIC autem araneus è majoribus est; unum certè & alterum ex his vidi, qui nucis majusculæ è corylo magnitudinem facilè implerent.

Color ei rufus, aut qualis in avellanâ maturâ.

Pedes crassiusculi, nec nimiùm breves, maculis rufis distincti; idem eorum ordo quoad longitudinem, qui in superiore.

Atq; idem dictum volo & de numero & de situ oculorum.

Porrò ei rari pili, iisq; maximè per humeros cani.

Alvum autem plenam habet; suprà planam; atq; ad folii cujusdam imitationem depictam. Medios clunes distinguit alba lineola recta, & transversè ducitur altera ad figuram quandam Crucis; item ei proximè ab humeris aliæ aliquot maculæ exiguæ albæ: ex utroq; alvi latere, ubi magis in latitudine patet, quasi singula Tubercula aut anguli eminent, maculis quoq; subalbidis distincta; atq; ea cum extremâ alvo figuram triangularem ferè æquiangulam formant: ad verò latera multæ maculæ obliquæ, rufæ, undatæ: in ventre verò binæ maculæ lunatæ.

Locus.

In dumetis & ad sepes non ita rarus circa Cantabrigiam: in rupibus autem, maceriis, Torrentiúmq; alveis Angliæ borealibus admodum frequens araneus.

Circinata retia tendit amplissima, atq; adeò conspicua valdè.   Mihi.

De Araneis Octonoculis.

Mihi autem jam abundè satisfactum est, masculum araneum etiam suum quemq; Reticulum texere; quòd ineunte Junio ex his plures mares in propriis reticulis speculantes vidi. Ac tum fortè, dum ipse diligenter eos inspicerem, unus & alter Mas, muscam, quæ incidit in rete, arripuit, maculisq; coram me suspendit; id quod antè fecerant de aliis aliquot Muscis à se captis.

.. Mediis reticulis affixi diligenter & assiduè totas dies muscis insidiantur; quippe Recessibus certè artificiosis carent.

. De hoc autem aliisq; nonnullis araneis sæpissimè notavi, quòd dum reticuli medio insidunt, illud tremulo atq; admodum citato motu aliquoties vibrant; an ut pulverem è reticulis succutiant, aut si quæ fortè capta sit in iis, explorent; aut quâ de aliâ causâ me latet.

. E maximis supradictis alteram gravidam sub vitro ultra mensem servavi: muscas tamen à me victui oblatas noluit, & tandem mortua est: adeóq; frustrà fuit experimentum de fœtura sive partûs ratione.

Maio exeunte, interdum citiùs, horum fœturam innumerabilem in dumetis vidi nuper exclusam,& instar racemi cohærentem multis filis à se ipsis circumductis ad defensionem sui; matrem autem minimè tantùm juxtao vorum cortices notavi: horum verò araneolorum tum clunes albidi, attamen aliis notis facilè cognoscibiles.

In Torrentium alveis Regiunculæ *Craven* dictæ ex his plurimos minutissimos incipiente Augusto observavi, radiculæ semina vix æquantes; suóq; quemq; reticulo, corporis moli pari, insidentem.

-. Ex his autem aliquot nuper editos thecâ ligneâ inclusi; póstq; aliquot dies eos omnes cuticulam exuisse notavi: an singulæ araneorum fœturæ idem faciant, & quoties, ut de plerisq; Erucis notum est, inquirendum restat.

TITU-

De Araneis Octonoculis.

TITULUS III.

Araneus ex viridi inauratus, alvo longiuscula, prætenui.

HIC autem Araneus è mediocribus est, si corporis tantùm molem respicias; at habitâ etiam pedum longissimorum ratione, nullis facilè cedit; præcipuè ii, quos in sylvis invenias.

Ei verò pedes, humeri, cornicula & tela omnia subflava sunt & ferè pellucida: habet autem alvum ex viridi inauratam, levitérq; depictam foliatim.

Hujus octo oculi nigri facilè à quovis numerari possunt, etiam sine conspicillo, idq; propter dilucidum caput: eorum autem ordo non æquè visibilis; nam ex duplici serie atq; æqualibus intervallis per mediam frontem disponi videntur; cùm reverà superiorum normam rectè sequuntur; quæ est, cùm quatuor medii in figurâ quadrangulâ, reliqui extimi utrinq; per paria parùm obliquè positi sint.

Ei verò Pedes omnium hujus generis facilè longissimi, tenuissimíq; sunt; item leviter hirsuti: horum primi, ut in superioribus, reliquos longitudine superant, tum qui ab his proximi, tertii omnium brevissimi, postremi ad secundos propiùs accedunt.

Alvus subteres, nisi quòd ab humeris aliquantulum emineat, retusa, prælonga; color alvi in superiore ejus parte ex viridi flavescit, velut inauratus, nec nimiùm obscuris vestigiis picturæ foliaceæ distinguitur; certè si per vitrum simplex eam intuearis, velut squamulis aureis contecta esse videtur more serpentum.

Ipse autem Venter infuscatur, quem extrà ambiunt luteolæ lunulæ.

Item Tela hujus aranei longiuscula.

Hujus

De Araneis Octonoculis.

Hujus autem generis araneorum qui sylvicolæ sunt, ferè *Sylvicolæ quales.* altero tanto majores sunt campestribus, ut videantur alia species, cùm non sint. An fortè ibi tutiores ab aviculis, vitámq; adeò in plures annos prolongant, dum corpora majora interim incrementa sumant; illud certè, quod suprà de primo araneo monticolâ narravimus, cum hâc observatione satis bene convenit.

Retia tendit satis ampla è rarioribus maculis ad antra *Locus.* ferè & in fossis, & præcipuè rivulos amat, nec sylvas horret; suis certè locis à primo vere frequens est, ac si quis alter.

Ad Calend. Maias eum Vernationem exuere fortè summâ cum voluptate vidi; cujus exuendi rationem aliàs pluribus demonstravi.

Maio autem exeunte, i. e. circa vigesimum quintum di- *Coitûs ratio.* em circa solis occasum hujus generis plurimos araneos ipso coitu mihi observare contigit: illi verò filis suis demissi, subq; reticula in aëre suspensi, ventre unius alterius ventri adhibito inter se copulati sunt: at mas etiam fœminæ interior erat, ejúsq; alvus rectà protendebatur, dum fœminæ alvus curvabatur supra ipsum marem: ipse autem fœminæ anus maris ventris superiorem partem tetigit; Atq; non alium equidem maris penem discernere potui, quàm è corniculis unum tuberculo insignem: quæ illum perpetuò fœminæ ventris superiori parti adhibuisse mihi visum est; idq; alternatim. Interea utriusq; pedes & tela miris modis inter se implicati sunt.

Junio medio eodémq; mense exeunte ex his aliquot *Ova.* gravidas sub vitris servavi; ubi brevi ova pallidè lutea pepererunt; eáq; valdè exigua. Hæc autem ova *folliculis* laxioribus involuta sunt, ad magnitudinem grani pi- *Folliculi.* peris majusculi; ipsorum autem Folliculorum quod proximè Ova filum ex viridi cæruleum, cùm in eorum extima superficie id erat paulò obscurius; multísq; hi minutísq;

De Araneis Octonoculis.

tifq; globulis seu glomerulis inæquales & quasi asperi.
Ipsum autem idem de ovis sylvestrium prægrandium itidem expertus sum.
Porrò non semel inveni eosdem Folliculos juncis aliarúmq; herbarum foliis affixos.
Reticuli centro insidendi modus huic araneo planè singularis est; qui fit, pedibus sc. 4. prioribus rectà protensis conjunctisq;
Inter muscas ab hoc araneo captas etiam œstros aliquoties observavi; tantus animus est in hac bestiolâ. Illud præterea de natura feroci hujus animalis addam, duas majusculas Fœminas in eâdem thecâ ligneâ inclusi unà; atq; una alteram illicò interfecit, eámq; suo more depasta est: neq; è thecâ excussa occisam libenter amittere voluit; sed quæsitam rursus avidè arripuit.
Illud quoq; non silendum duxi, me fortè, memoriæ & observationis causâ circiter decem araneorum genera, recenter captorum, acubus defixisse alteri parti seu valvæ thecæ ligneæ; quos cùm noctu in conclavi apertâ thecâ negligenter reliquissem, manè ad unum omnes devoratos, puta à muribus, animadverti, præter tres hujus generis omnino intactos integrósq;.

TITULUS IV.

Araneus cinereus, sylvaticus, alvo in mucronem fastigiatâ, seu triquetrâ.

Descriptio.   IS autem inter minores hujus generis araneos numerandus est.
Ei color cinereus maculis nigricantibus varius; idq; maximè in pedibus.
Iidem breves, crassiusculi; atq; hoc ipso ordine longitudinem

De Araneis Octonoculis.

gitudinem quod spectat, quo in superioribus expositum est.

Humeri valdè infuscantur, si non planè nigricant; iidémq; admodum pusilli sunt; quo fit, quòd oculorum magnitudo, ordo, & numerus, non nisi conspicilli ope discerni possint: at omnino se habent, ut in superioribus, quatuor sc. in mediâ fronte in figurâ quadrangulâ, aliísq; ex utraq; parte bini ferè conjunctim in paululùm obliquâ lineâ.

Huic Tela ex atro rubent.

Alvi verò figura rara, planéq; singularis est; nimirum resima, id est, plenior versus anum, supra quem quasi rursum reflexa eminet; ac si in mucronem esset fastigiata, seu alvo triquetrâ; item eadem foliaceâ quâdam picturâ perbellè exornatur.

Venter nigricat; atq; in eo quoq; sunt istæ lunatæ maculæ, in singulis superioribus notatæ: item ibidem sunt maculæ quædam rufæ aut miniatulæ.

Extrà altas & umbrosas Sylvas non temerè reperitur; *Locus.* ubi eum tùm in agro Cantabrigiensi, tùm circa Eboracum frequentem inveni.

Amplissima retia tendit inter ramos alicujus arboris; imò nonnunquam longè supra contactum meum.

Junio ineunte sanè pulcherrimum est animalculum, quòd tùm fortè novissimè cuticulam hyemalem exuit.

Oriente sole eum texentem vidi; in hujus autem opere aliquando numeravi, (nisi me fallit memoria) supra 40 macularum ordines: atq; hoc quidem singulare esset in hâc bestiolâ, si perpetuum.

Mense Julio Tineas exiguas sylvestres inter reliqua ei victui esse notavi.

Illud autem multò rarius, & planè mirandum, prædæ sc. suspensio, sive ejus reservandi modus atq; ordo; in quo certè est quædam Venationis gloriola. Habetis enim ipsum

De Araneis Octonoculis.

ipsum araneum in Reticuli centro, velut in insidiis, assiduum speculatorem; ejus verò prædam directâ lineâ suprà infráq; se dispositam; atq; illud sanè ostentationem præ se fert, singulas nimirùm muscas ad singula macularum internodia implicari. Idq; perpetuum esse hujus aranei morem, jam plurimis observationibus exploratum habeo.

TITULUS V.

Araneus viridis, caudâ nigris punctis utrinq; ad marginem supernè notatâ, ipso ano croceo.

Mediæ magnitudinis est.
 Oculi ejus nigricant in capite pellucido; itáq; planè ordinantur, ac in superioribus dictum est.
 Ei pedes breviores; neq; tamen de eorum ordine dubitandum est, quin idem sit, qui in superioribus.
 Alvum autem gramineam habet, plenam, paululùm inflexam, retusam, qualem in Titulo primo descripsimus: in extimis verò alvi oris utrinq; ternas, quaternas, aut plures exiguas maculas nigras numerare licet, eásq; simplici serie, velut totidem puncta, calamo scriptorio depictas.
 In utroq; verò sexu ipse anus croceus est.
 Mas etiam viridescit; is multò tamen gracilior est; ei pedes paulò longiores, iiq; ex viridi infuscantur.
 Hunc araneum non ita rarum inveni in vepribus & dumetis; item in sylvis umbrosis, inter urticam etiam, & a'ibi, sub mensem Maium.
 Reticulum omnium minimum, pro corporis sui proportione texit; quod perpetuum esse, multoties observavi in sylvis & alibi.

Illud

De Araneis Octonoculis.

Illud etiam non prætereundum existimavi; eorum sc. reticula super corylorum folia ferè extendi plano situ sive ad lineam horizontalem; quod huic quoq; speciei propriè convenit; nam reliqui rarò retia sua disponunt ad eundem modum; sed plerunq; in perpendiculo aut parum obliquo situ.

Quotquot ex his vitris parvis, fortè 5 aut 6 unciarum aquæ capacibus, citráq; quatuor digitos latis, servavi (servavi autem multos; nam in plerísq; experimentum feci) ii omnes reticula sibi tantis angustiis confecerunt; corúmq; centris sedulò inhærendo muscas omnigenas, etiam œstros, in vitra injectas avidè ceperunt, non aliter quàm si foràs in sylvis & sui juris essent: huic autem rei commoditatem dat illa altera proprietas jam nunc memorata; ipsa sc. reticula pro consuetudine animalis perexigua.

Exeunte Maio ex his unam, mihi gravidam visam, vitro crystallino servavi : ováq; ibidem non ita diu pòst peperit, vitróq; firmiter affixit. Ipsa autem ova inter se tenaciter conglutinata sunt, ad figuram & magnitudinem pisi vulgaris ; supráq; multum filum pro Folliculo laxiùs injectum, coloris ex viridi flavescentis. Illud etiam in hoc filo setoso singulare, quòd & crassius multo & rigidiusculum inter digitos sentitur, atq; asperum; cùm molle sit illud alterum Reticuli, tenuius & album. Post decimum verò & octavum diem ab ovorum partu, nescio quâ temeritate ductus, folliculum incidi, ováq; adhuc integra inveni: horum autem nonnulla papyro illisa eam jam infecerunt colore purpurascente; quod indicium erat maturescentis Embryonis. Ipsa autem Fœmina post partum multò gracilior facta, circiter 14 dies sine cibo vixit.

Marem aliquando cum fœmina sub eodem vitro inclusi: post biduum verò marem illa occidit exsuxitq;: deinde Reticulum ibidem confecit, diúq; à muscis, quas dedi, vixit.

Ova.

Filum.

F 2 Septembri

Septembri exeunte in majusculos juvenes hujus speciei incidi; quos tamen facilè à punctulis nigris cognovi; nam iis color erat subrufus.

Aranearum species singulas in *spiritu vini* dicto immersas conservare soleo; neq; ab illo multùm mutantur aut colore aut picturâ; hoc uno excepto, qui viriditatem hâc ratione amisit, & subflavus factus est.

CAP. III.

De Retiariis alteris Orbiculatis, quibus domicilia sive Nidi juxta reticula ponuntur.

TITULUS VI.

Araneus cinereus alvo admodum plenâ, ejúsq; picturâ in plures partes quasi divulsâ.

Descriptio.

HIC autem inter maximos ponendus est. Ei color cinereus: humeri quasi incani.

Pedes crassi & non nimiùm longi, hirsuti, maculosi; eorúmq; ordo idem, qui in superioribus.

Item ejus oculi octoni eundem positum observant; vix nisi conspicillo discernendi.

Alvus lata, plena, retusa; picturâ foliaceâ supernè distinguitur; at ea haud integra est, sed in plures partes circiter quinq; quasi divulsâ, lineamentis sc. sive interruptis, sive partim obliteratis.

Venter fuscus; duabúsq; lunatis maculis subflavis, quarum cornua intùs spectant, insignitur.

Mari

De Araneis Octonoculis.

Mari extrema cornicula tumida; & pedes & Tela longiora, & alvus gracilior est. *Alæ.*

In ericetis altissimorum montium partium Angliæ borealium, non ita rara bestiola: in australibus verò à primo vere inter genistam spinosam admodum frequens: item in herba quâlibet procerâ, puta in Acanthio, Stephalino, &c. Sæpiùs etiam ad rivulos, supra quos retia transversim tendit. *Locus.*

Per hyemem autem latet interdum in ipsis cavis caulibus plantarum suprà dictarum; nonnunquam in maceriâ; sed ubiq; per id tempus Folliculo è telâ candidâ perpetuò involutus. *Hyberna.*

Amplissima & valdè conspicua Retia tendit: ex unâ verò parte reticuli 38 macularum ordines aliquando numeravi, ex alterâ non ultra quindecem; quod ideo fit, ut reticulum loco aptetur. *Reticulum.*

Præterea juxta reticulum Cubile sive Domicilium sibi conficit, suprà arcuatum, infrà apertum, & eundem Nidum futurum: quæ quidem nidificandi ratio longè commodior est adversus pluvias & solis ardores, quàm illa quæ in Avicularum plerarumq; nidis observatur; quorum figura cùm sit eadem, tamen in his nostris bestiolis positus inversus est. Domicilii autem materia velut linea est; è telâ sc. candidâ, molliq;. *Nidus.*

Mares autem in summitatibus Graminis alicujus nidulari & simplicibus maléq; dispositis filis venari non semel observavi.

Muscis victitat parvisq; scarabæis; ex quibus posterioribus plurimos in eorum nidis inveni; item ipsâ suâ specie & sexu: nam fœminam unam aliam æquè magnam interficere & exsugere sæpiùs expertus sum. Item araneos, Opiliones dictos, de quibus infrà, libenter foràs in suis reticulis capiunt, siquidem hos inter muscas suspensos non semel vidimus. *Victus.*

Duas

De Araneis Octonoculis.

Ova.

Duas id genus araneas gravidas cepi; atq; observandi causâ singulas sub singulis vitris mox inclusi: eas autem non ita diu servaveram, quàm ova subflava peperêre: altera verò id egit ad XVII, atq; altera ad XV Calendes Sextiles. Ipsa autem ova firmiter inter se conglutinata sunt, multóq; filo Folliculorum more supra injecto: singuli autem Folliculi ad vitrum quisq; suum affixi sunt, omnémq; propiorem ad ea aditum etiam ipsis araneis matribus fuisse præclusum; densis circum circa filis prætensis, ut eas incubare, aut ova sua sinu fovere non rectè dicere posses; etiamsi primos quidem à partu aliquot dies proximè, quod poterant, astitêre.

Fætus autem exclusus est in ovis superioris araneæ Nonis Sextilibus; propioris verò ad VII Idus Sextiles; ut à partu ad fætum editum intercesserint plurimùm dies unus & viginti. Illud addo, me de industria hæc vitra servâsse in conclavis mei angulo, à lumine & sole maximè remoto; & præterea dicam, quod res sit, alterum è vitris, ab aliis infectis priùs sub eo curatis, humidum multóq; situ fuisse obductum. Ante diem autem primum supra vigesimum omnia, quoad res externas immutata; tum verò primùm ovorum ordines paululum relaxari; atq; è singulis extimis corticibus primò prorupêre singuli araneoli; atq; ita de cæteris deinceps.

Ipsæ autem araneæ Matres post paucos ab exclusione dies, ambæ mortuæ sunt; ea prima quæ primò peperit, mox altera; tamen mihi curæ fuisset jam ut antè, iis victum non defuisse; quem tamen eas unquam gustâsse certò scire non potui.

Vigesimo autem secundo Maii, ut nos computamus, mas unà cum foemina in eodem Reticulo aderat; idq; de reliquis omnibus, quos illo die observare licuit, verum erat.

Vigesimo quarto ejusdem mensis in plerisq; nidis ova jam

De Araneis Oeïonculis.

Jam primùm vidimus; superiori sc. Nidi parti affixa, validéq; velut membranâ praelusâ. Ipsa autem ova subrufa sunt; atq; ita firmiter inter se compaginata, uno eorum ordine alteri superinjecto, ut non facilè resolvi numerarive possent. Tota autem Ovorum compages magnitudinem lupini implet, neq; dissimili figurâ depressâ, rariùs rotundiori; circum circa verò superinducitur multum filum pallidè luteum, rigidius & quasi asperum, cùm ipsius nidi filum planè aliud sit; nimiùm laeve, molle, & album: ab fortasse è diversis corporis partibus oriantur, ut ab utero illud proveniat, hoc ab intestinis; aut si quod aliud sit proprium fili conceptaculum, ut in Erucis, quod ore eructatum cernimus.

Undecimo Junii duos folliculos ovis repletos, magnitudinéq; aequales, in uno eodémq; Nido inveni; at adhuc ambo integri, nullíq; araneoli exclusi. Alter autem Folliculus propriâ certè membranâ seclusus est ab altero.

Porrò primo Augusti alterum Nidum aperui, inibíq; *trinum foetum* inaequalem notavi; sc. primus ex araneolis constabat parentum similibus, secundus nuper exclusus & adhuc subflavus, tertius adhuc in Ovo. Aliis autem annis eundem. Partûs numerum vel exeunte Junio observare licet.

Maio exeunte ex his aliquot gravidas in hortulum nostrum è vicinis agris transtuli; ut observationi magis essent opportunae; atq; haec praeterea didici.

Hanc certè, si non omnes hujus generis araneas, ubi semel ova peperit, ibi plures menses subsistere; nec praedandi aut habitandi causâ aliò migrare. Etenim hortenses nostri inter rosae folia viridia primò Nidum confecerunt; deinde reticulum. De quo illud expertus sum; nempe mihi curae fuit, ut reticulum quotidiè, quadraginta minimùm dies, defringerem, penitúsq; avellerem, Nido interim integro relicto & intacto: attamen nova indies.

indies reticula ad folis ortum refecta & perpolita inveni: nifi tempeftas nimiùm pluviofa impediret; nec aliàs quidem operi vacabant. At non locus tantùm, fed & perpetuus idem reticuli pofitus, non obftantibus quotidianis injuriis. Cujus rei caufa patet, quòd ibi ova, fummum amoris pignus, depofuerunt, non alibi amovenda.

Quidni huc etiam referamus in aërem volatum Autumnalem; donec fc. partûs cura ex toto finiatur; quod fit circa menfem Septembrem.

In Nido autem altero divulfo triplicem, ut fuprà dictum eft, fætum obfervavi. Inter primum verò partum fex aderant parvæ Chryfalides five Thecæ teretes, folidæ, utráq; extremitate retufæ, fublividæ, id fc. genus, è quibus Mufcæ tripiles, à Moufeto noftro fic dictæ, antiquis verò *Ichneumones* vefpæ appellatæ, excludi folent. Ex ipfis autem Araneolis natu majoribus, qui fc. horum vermiculorum voracitatem, dum in ovo, effugerant, quotquot à me aëri expofiti, protinùs fila ejaculando avolavère; non injucundo fanè fpectaculo!

Ipfa autem trini fætûs mater, priore nido fublato, ipfiffimo die alterum Nidum eodem frutice confecit; & poft biduum quartum partum edidit; reticulúmq; mox fibi conficiendo, diu apud nos permanfit.

TITULUS VII.

Araneus pullus, glaber, cruciger, alvo plenâ ovali.

Defcript.

Ediæ magnitudinis eft: ei color ferè ater; aut qui in pomi feminibus permaturis.

Pedes non nimiùm graciles, breves, maculofi; atq; ita ordinantur, nimirùm eorum primi omnium longiffimi, tum qui ab his proximi, poft illos ultimi: nam tertius pedum ordo breviffimus eft. Humeri

De Araneis Octonoculis.

Humeri exigui, fastigiati fastigio sc. subrotundo, ex atro rubent resplendéntq;; quo fit ut *oculos* ægrè discernere licet vel optimo Microscopio adhibito: tamen mihi certò constat de eorum numero, æquali magnitudine & positu, quòd eadem illa omnia sunt, perinde ut suprà in aliis exposuimus. Sin autem sit aliqua varietas, hæc est; quòd qui in superiore lineâ figuræ quadrangulæ, ferè paulò conjunctiores esse videntur, quàm qui in inferiore.

Alvus ei plenior, retusa, & quodammodo ad similitudinem ovi gallinacci facta, ita tamen ut æqualem ferè dimensionem servet ab exortu ad infimam ejus partem, nisi media ejus pars tibi paulo plenior videatur duabus extremis: alvo color est ex atro rubens sive pullus; it verò rectà per medios clunes insignis lineola alba; quam aliæ circiter tres transversim secant, in modum costarum obliquarum; item paulò infra eas versus imum anum aliæ circiter tres quoq; breviores lineolæ albæ itidem primariam lineolam secant, sed magis ad angulos rectos: hinc Crucis multiplex similitudo. Ad alvi verò latera color subalbidus.

Venter infuscatur, nisi ubi duabus lunatis maculis insignitur.

Ex frequentissimis Araneis est; sed raró alibi invenitur nisi inter juncos & in pratis udis. *Locus.*

Prodit ex hybernis Maio incipiente; quo tempore in herbarum summitatibus Telam pro Nido orditur albam tenuémq;

Sub idem tempus Vernationem quoq; exutam reperire licet in ipso Nido.

Medio verò Maio, si faveat tempestas serena, reticula orbiculata conficiunt prope Nidos.

In Reticulis autem multigenas Muscas suspensas vidimus; inter quas etiam scarabæos quosdam exiguos observare licet; id præcipuè in Nidis à pullorum exclusione. *Victus.*

De Araneis Octonoculis.

Ova.

Maio autem exeunte, Folliculum ova continentem in plerisq; Nidis reperies; ovis verò ipsis exiguis color subluteus, perfectæ rotunditatis, ut reliquis universis araneis: ipse autem Folliculus, qui proximè ova involvit, albus, figurâ lenticulari; suprà verò injicitur filum aliud laxius ex atro purpurascens; etiam ipsus Nidi filo solito fuscius, si illud benè attendas.

Medio verò Junio in plerisq; Nidis jam bini Folliculi sunt; in nonnullis etiam Nidis eorum neuter adhuc exclusus est; in plerisq; verò ex iis unus partus in pullo, alter adhuc in ovo; in aliis quidem paucis unicus tantùm Folliculus, qui vel exclusus vel integer.

Ad Calendas autem Quinctiles numerosum fœtum in Nidis notavi, quos neq; mater adhuc teneros deseruerat; at victum iis usq; providebat.

Multos id genus centenos araneos in quodam prato sylvestri nidulantes mense Junio observavi; at mihi redeunti circa finem Julii vix unus è multis repertus est; an fortè quòd Aviculis sylvæ vicinæ gratissimi fuerant?

TITULUS VIII.

Araneus flavus, quatuor insignibus maculis albis, aliisq; multis exiguis ejusdem coloris in pictura clunium foliaceâ notatus.

Descriptio.

IS autem præcipuæ Magnitudinis est, nullíq; Anglicano Araneo facilè cedit; ex his certè nonnullos vidimus magnitudinem nucum majuscularum corylorum æquantes. Ei color vel flavus vel subrufus.

Pedes crassi, longi, spinosi, insigniter maculosi: quorum primum par reliquos excedit longitudine; deinde secundum; tùm quartum; brevissimi sunt tertii.

Oculorum

De Araneis Octonoculis. 43

Oculorum ordo hic est; quatuor sc. medii in figura quadrangulâ æquali distantiâ positi sunt; juxta hos utrinq; par unum, ferè conjunctim collocatum; omnes æquali magnitudine sunt.

Ei alvus admodum plena; supra quam foliacea quædam pictura delineatur, in extimis oris undata; in superiore picturæ parte sunt quatuor insignes maculæ albæ, in figura quadrangulâ, at non æquilaterâ, positæ; etenim quæ propiores ano duæ maculæ magis inter se distant, quàm superiores alteræ duæ; plures etiam aliæ exiguæ maculæ albæ, hîc & illîc, intersperfæ sunt; it autem rectà per mediam picturam lineola alba.

Hic rarior est araneus in aliquibus locis; tamen in sepibus agri Hartfordiensis aliquoties eum inveni sub mensem Augustum: item circa Eboracum admodum frequenter in genistâ spinosâ, & in *Craven* regione montosâ. Eo à tempore spectabilis magnitudinis sunt. *Locus.*

In summis herbis fruticibusve domicilium sive Nidum juxta amplissimum reticulum collocat: est etiam huic araneo commune filum à reticuli centro ad Nidum usq; perpetuò pertensum, per quod itq; reditq;.

Medio Augusto, ex his aliquot ventre tumidas dissecuimus; inibiq; magnam copiam spermatis cujusdam subflavi notavimus; quod tamen partui adhuc immaturum fuisse, à granulorum quibus constabat, nimiâ parvitate, existimavi.

Nidi filum albissimum; at quod circuminjicitur ovis, lutescit.

Exeunte Septembri ex his aliquot gravidas thecâ ligneâ inclusi; quarum una mox ova peperit, binis placentulis inter se distincta, at eodem folliculo ambo inclusa sunt; è laxiori sc. at rigidiori & flavescente filo confecto.

Araneorum cutis non adeò facilè dirumpitur, hinc alvo vehementer expressâ, ipsa integra erumpit, quòd alia

G 2 atq;

atq; alia subsit Cutis, quâ continentur viscera: Neq; alienum est credere universas Cuticulas in toto vitæ decursu exuendas, cum bestiolâ natas fuisse.

In liquido & subalbido stercore hujus aranei, plurimas. particulas nigras observare licet ; sc. Scarabæorum Muscarûmve inutiles cortices & difficulter concoctibiles: adeò non verisimile est, has bestiolas merâ suctione cibum sumere, sed ejus bonam partem etiam vorare.

TITULUS IX.

Araneus nigricans, capite quadrato sive Phalangio-formi, clunibus ad similitudinem querni folii depictis.

Descriptio.   HIC omnium maximus est Araneus.
Ei color fuscus aut fuligineus.

Caput & humeri depressi, frons lata & quasi quadrata, eâ sc. figurâ, quâ sunt Phalangia infrà describenda.

Octoni oculi nigri, æquali magnitudine; eundem verò situm observant, qualem in superioribus exposuimus.

Tela corúmq; brachia' nigricant præcipuo quodam nitore.

Præterea ei cornicula, pedésq; crassi, maculosi; at ubi, istis maculis non infuscantur,soli obversi rufescunt; hirsuti, nec nimiùm breves, maribus præcipuè; de eorum verò ordine, quo alii alios longitudine excedant, vide in superioribus.

Alvus ingens, plana interdum ad latitudinem ferè unguis digiti medii ; ea verò ubi ad majorem, quod subitò fit, latitudinem devenerit, iterum paulatim minuitur in retusum anum ; in ejus autem parte supinâ est quædam pictura, ambitu sinuoso sive undato ad quandam imitationem querni folii ; intra picturæ verò ambitum infuscatur,

De Araneis Octonoculis.

tur, ubi circiter quatuor nescio qui sinus exigui, tam in hoc quàm in aliis araneis subsidunt; extra eandem picturam alvus paulò coloratior.

Item venter nigricat; nisi ubi duæ lunatæ maculæ subflavæ ejus medium occupant; quarúmq; cornua intùs spectant.

In australibus Angliæ partibus frequens; nec rarus in septentrione, sub cortice annosarum arborum ferè latet, & ad maceriam ruderáve maximè extra ædificia. *Locus.*

Per hyemem verò Folliculo è candidâ Telâ diligenter involvitur. *Hyberna.*

Amplissima retia tendit; sed quibus rariores maculæ: hujus aranei paulò vetustius rete valdè inelegans est ob nimiùm frequentem resarcinationem. Ferè prædam observat è specu sive domicilio, juxtà posito. *Retia.*

Rarò interdiu conspicitur hic araneus; etiamsi muscæ tùm quoq; frequenter impingant in ejus rete; de nocte verò prodit & vescitur: id quod hujusmodi experimento didici: ex his unum & alterum in vitris seorsim servavi, plures his muscas vivas manè subministrando; at per totum quidem diem muscis huc illuc discurrentibus, velut torpidi ac immobiles aranei permanserunt; proximâ verò luce muscas occisas & exsuctas perpetuò notavi.

Ipsum autem Rete multâ oneratur prædâ, at nullo certo ordine disposita: hîc muscas omnigenas, scarabæos, & non rarò majores multipedas *Julos* dictas occisas suspensásq; observare licet. *Victus.*

Medio mense Septembri fortè sub non nimiùm obscuram noctem incidi in marem pedibus prælongis corniculísq; turgidis insignitum cum fœmina in Reticulo ludentem; hinc conjecturam facio id genus animalia rem venereeam ferè per noctem agere.

Ex his aliquot araneas fœminas dissecui, ineunte mense Februario, ut viderem, an fortè jam gravescerent, at nihil.

nihil aliud intùs inveni, præterquam spermatis cujusdam flavescentis ac prorsus indiscreti copiam, in ova tandem distinguendam : hujus certè color valdè similis, atq; in ovis ipsis recenter editis.

O:2.

A Calend. Aprilibus multa *Ova* subflava pariunt; eáq; intra aut juxta Domicilium disponunt: ipsa autem ova alia aliis superimponuntur certis ordinibus & firmissimâ compage in figuram depresâ orbiculatam, Lupini in modum & magnitudinem : ipsis verò Ovis superinjicitur *Folliculus* è laxiori contexturâ; qualis Erucis nonnullis usui est : est etiam aliud, è quo cura animalis erga fætum non minùs apparet; nimirùm quòd supra eundem folliculum, etiam multam scobem sæpè obductam & adglutinatam esse observavi.

Intra mensem autem ova excludi aut citiùs existimo; quòd hæc ova mense Maio à communibus vinculis, quibus proximè à partu ea inter se contineri jam diximus, relaxari sæpè advertimus.

Tenelli autem fætus, primùm ut editi, subpallidi sunt : postea verò, ut adoleverint, eundem planè colorem & matris formam induunt.

Septembri exeunte id genus araneolum de medio reticuli fila ejaculantem, omnium primùm animadverti: neq; fas est amplius dubitare, quin longissima fila aërea, per Autumnum præcipuè notabilia, hunc araneum suiq; similes authores habeant, etsi ea olim Nubium progenies credita aut aliàs oriri fabulata sint.

TITU-

TITULUS X.

Araneus cinereus, capite leviter rotundo, pictura clunium foliaceâ, ad margines undatâ.

IS inter mediocres numerandus est.   *Descriptio.*
  Ei color ex nigro cinereus.
  Humeri leviter fastigiati & subrotundi; eo autem nomine appello quicquid est in primâ corporis divisione, licèt ibi sit etiam caput; iidem læves & non pilosi. Ipsum autem caput videtur nigrescere, & per modum apicis acuti anguli aut cuneatim mediis humeris inseri.
  Oculi nigricant, æquali magnitudine, ita disponuntur; quatuor sc. medii in figurâ quadrangulâ, alii bini utrinq; ferè conjunctim.
  Pedes exiles, leviter pilosi, maculosi; horum primi omnium longissimi, paulùm supra dimidium unciæ; deinde secundi, post hos ultimi, tertii omnium brevissimi.
  Alvus plena & crassa; picturâ foliaceâ eleganti insignitur; ejus verò picturæ margines undatim designantur; extrema lineamenta nigricant, at media ejus pars præcipuè versus humeros albescit notabiliter; versus anum verò intra undas sunt aliquot nigræ lineolæ rectæ transversim ductæ. Alvi latera maculosa; venter medius nigricat; nec desunt flavæ maculæ ibidem.
  Hic à proximè superiori in his differt; 1. Huic caput *N. B.* subrotundum, cùm illi sit compressius & velut fronte quadratâ. 2. Huic alvus plenior & crassior. 3. Huic media alvi pictura albicat, cùm illi tota nigricet. 4. Hic multo minor est. 5. Est etiam aliquid singulare in hujus reti, mox describendum.
  Admodum frequens est in Tectis & domibus circa Ebo- *Locus.* racum, & alibi.

                                          Rete

De Araneis Octonoculis.

Reticulum. Rete amplum & elegantiſſimum tendit: illud autem in eo perpetuum & ſingulare eſt, nimirùm è radiis unicum *maculis utrinq; undari*, ídq; è centro reticuli ad ejus uſq; circumferentiam; quod ferè ad aliquam in pariete rimulam aut alibi, ubi animal tutò totum diem latet, porrigitur: atq; hic radius ei velut ſcala eſt, per quem aſcendat deſcendátq;.

Rarò niſi ſub Crepuſculo in reticulo obſervatur; noctúq; adeò venatur.

Ova. Exeunte Auguſto ova majuſcula parit juxta reticulum; ea filo laxiori flavicante involvuntur. Octoginta & amplius in uno Nido numeravi, iis color ex fuſco ſubalbidus.

MEMBRUM II.

De Araneis Reticula conglobata *texentibus.*

CAP. I.

De Araneis reticula conglobata texentibus in genere.

HActenus excellentiſſimos Naturæ Artifices expoſuimus; quorum *Opera erudita* apud Antiquos meritò appellantur: Genus deinde aliud eſt Araneorum, reticula quidem diverſa texentium; at non multùm diſſimili artificio. Etenim in ſuperioribus univerſas maculas in eodem plano ſitu diſpoſitas eſſe diximus; hîc verò innumeræ maculæ, æquè patentes, in omnes dimenſiones quaquaverſum porriguntur; hic, inquam, multiplex eſt macularum ordo ſive conglobatio ſub varium ſitum ex omnibus in circuitu partibus in orbem ferè projectarum.

Eſt

De Araneis Octonoculis.

Est sanè sua pulchritudo etiam rudi aut fortuitæ contexturæ; etenim hæ. Plagæ è simplicibus filis constant, huc illuc temerè, credas, deductis; at in speciem usúmq; oriuntur egregia Reticula. Illud equidem dubito, an non Antiquorum diligentiam fugerit, inter hos superiorésq; differentiam annotâsse; horum certè nullum adhuc evulgatum indicium in Scriptis invenio.

Hujus autem generis araneorum notæ characteristicæ sunt: 1. Habere pedes priores omnium longissimos; deinde ultimos, tum secundos; tertios brevissimos. 2. Esse ferè aut minimæ inter araneos, aut certè minoris magnitudinis.

Horum autem sex species in Anglia invenimus, quas mox aggrediar.

CAP. II.

De Araneis Reticula conglobata texentibus in specie; quorum alii, Folliculi loco, filum laxius, velut lanam carptam, Ovis superinjiciunt.

TITULUS XI.

Araneus pullus, glaber, domesticus.

HIC est omnium hujus Familiæ maximus Araneus; *Descriptio*
etiamsi, respectu ad universum genus araneorum habito, mediocris magnitudinis sit.

Ei color pullus, ad nigredinem proximè accedens, glaber, lucidus.

Humeri minimè depressi, sed in fastigium elevati.

Oculi octoni, æquali magnitudine; quorum medii in
figurâ

figurâ quadrangulâ difponuntur, reliqui extimi per paria conjunctim ferè : neq; id licet difcernere, nifi optimo Microfcopio adhibito; adeò in tenebris eft caput propter fummam ejus nigredinem relucentem ; illúdq; ipfum velut afperum & inæquale.

Pedes nimiùm nec breves nec tenues; quorum primi & poftremi intermedios longitudine facilè fuperant.

Alvus plena, latiufcula, compactilis; coloris pulli, relucentis; ad ejus verò latera albet ; ipféq; venter fubalbidus ; item per medios clunes rectà ducitur lineola albida.

Mas extremis corniculis tumidis infignitur.

Locus. Is autem in ædibus noftris ad feneftrarum cancellos valdè frequens : ubi etiam per hyemem latet, fi qua propè fit rimula.

Ineunte Aprili, interdum multò citiùs, reticula globata orditur ; quo tempore ejus etiam alvus multo fpermate intumefcit. Reticuli filum folito fufcius eft ; quod tum maximè apparet, fi plura reticula in unum filorum fafciculum colligas.

Ova. 16 Junii fortè animadverti ; quòd ex his quædam Aranea jam tùm ova fua feneftræ cancello ferreo affixerat. Circiter 50 ova numeravi, quibus color pallidè carneus, nec tamen chartæ illifa, illam inficerent.

Filum autem albidum circa ova laxius injectum Folliculi loco : quo fublato, ova protinùs diffufa funt ; quòd minimè inter fe, ut in nonnullis fuperioribus fieri folet, conglutinarentur.

TITU.

De Araneis Octonoculis.

TITULUS XII.

Araneus albicans, coronâ coccineâ in alvo ovali.

IS autem est mediæ magnitudinis, generis ratione ei color subalbidus.
Pedes longiusculi, tenues.
Alvus plena figurâ ferè ovali ; cujus pars superior exornatur coronâ quâdam coccineâ, sanè eleganti.
Hunc araneum in hortulo meo Eboraci semel tantùm notavi : at circa Cantabrigiam & alibi in australibus Angliæ partibus sæpiús.
Ineunte Augusto in suffrutice quodam hujus ova unà cum matre animadverti : sicco autem & deciduo folio nidulata est : plurima erant Ova alba ; quibus multum filum laxius superinducebatur, colore pulchrè cæruleo. *Ova. Filum cæruleum.*

CAP. III.

De Araneis reticula conglobata texentibus ; quorum Ova Folliculis membranaceis includuntur.

TITULUS XIII.

Araneus ferè subfuscus, interdum variè coloratus, alvo foliaceâ picturâ insignitâ, globatâ.

INter minores numerandus est. *Descriptio.*
Ei color ferè subfuscus, ab hyeme maximè : at neq; hæc neq; aliæ, quod hoc loco semel monuisse sat est, araneorum

neorum species, præcipuè à cuticulâ exutâ, unum atq; eundem colorem perpetuò observant.

Oculi ægrè discernendi, nisi boni Microscopii auxilio: at idem iis & numerus, & æqualis magnitudo, & situs, qui in universis superioribus, i. e. quatuor medii figuram quadratam designant, reliqui extimi utrinq; per paria ferè conjunctim dispositi.

Pedes tenues, nec nimiùm longi, maculosi; ex iis autem primi omnium longissimi, tùm postremi, deinde secundi, post hos tertii omnium brevissimi.

Alvus ferè sphærica, nisi venter, paulo planior, id prohiberet; suprà verò depingitur quâdam folii similitudine, cujus nervi venulæve dealbantur; intervalla ex fusco quasi purpurascunt, idq; maximè si animal soli obvertas: at ex utraq; parte folii. veluti costulæ aliquot, quæ obtusos angulos efficiunt cum medio nervo.

Venter infuscatur.

Locus. Ubiq; per Angliam frequentissimum Animal; prodire incipit circa Maium mensem.

Retia. Ineunte Junio, interdum multò citiùs inter genistam spinosam, in Acanthio, & quibuslibet proceris plantis retia amplissima conglobata tendit & juxtà nidificat.

Hujus autem aliorûmq; araneorum reticula tùm speciosissima, maximéq; notabilia sunt, cùm nox admodum rorida præcesserit.

Nidus. Domicilium sive Nidus è *candidâ* ac spissâ Telâ conficitur: suprà autem arcuatus est; sed quâ terram spectat, apertus.

Coitus. 1 Junii vesperi in Coïtu id genus araneos vidi: mas fœminam aggressus est, sæpiùs reticulum tremulo motu concutiendo:quantùm autem discernere licuit (maximámq; eâ de causâ diligentiam adhibui) non alio Pene usus est, quàm Antennis, fœmineo ventri superiori alternatim applicitis, ut suprà quoq; in *primo membro* expositum est.

Medio

De Araneis Octonoculis.

Medio Junio, in singulis Nidis singulos Folliculos repe- *Folliculus.*
rire licet; quorum & figura & magnitudo est in modum
grani Piperis. Ipsa autem Ova exigua candida, sphærica, *Ova.*
circiter 40 Folliculo linteo-formi, sive membranaceo *sub-*
cæruleo ferè, interdum sed rarò subrufo inclusa, ut ex alio
fili genere constare videatur.

Illud magnopere miratus sum; aliquando me observâsse
Folliculum extra Nidum suspensum.

Ineunte Julio in nonnullis Nidis binos Folliculos non rarò reperies.

Sub initium Augusti innumerum fœtum in plerisq; nidis observare licet; ab araneâ matre, ut opinor, usq; nu-
tritum; cum quibus certè diutius manet prædandi causâ,
nè victus adhuc tenellis desit. Cui rei abundè fidem facit
ingens copia cadaverum Muscarum exsuctarum in ipsis nidis, tùm maximè observandarum.

Illud quoq; rursus monendum duxi, hunc araneum Cuticulam exuere solere à Calend. Quinctilibus, ut alius
atq; alius esse videatur: nam modò candidum, modò sub-
viridem, modò miniatis aut purpureis maculis interstic-
tum, aut aliis deniq; formis notabilem sæpiùs observavi:
adeò parum est, araneorum colores scire, nisi nobis etiam
ipsa corporis figura, aliæq; discriminantes notæ, à victûs,
partûs, & morum ratione petendæ, probè sint cognitæ.

TITULUS XIV.

Araneus rufus, clunium globatorum fastigio, in modum
stellæ radiato, sylvicola.

PRoximè superiori æqualis, i. e. inter minores nume- *Descriptio.*
randus est.
Ei color rufus, aut ferè rubeus.

De Araneis Octonoculis.

Ex analogia conjecturam facio de Oculorum numero, magnitudine & positu ; nam Capitis humerorúmq; mira parvitas pro alvi ratione, & ipsius alvi figura insolita, ea reddunt nimiùm visu difficilia.

Pedes tenues, rufi, non maculati; horum par primum longissimum, deinde ultimum, tùm secundum, tertium omnium brevissimum.

Alvus in gibbum seu verticem orbiculatum admodum eminet; à quo in anum acuminatum subitò fit declivis: à summo verò clunium fastigio sive vertice radiatim procurrunt ex omni parte plures lineolæ candidæ in modum stellæ.

Venter planior.

Est præterea animal glabrum, relucens, ut pleriq; hujus generis aranei.

Locus. Rarissima Bestiola ; at mihi centies visa in Pomariis circa Cantabrigiam ; item in sylvis agri Lincolniensis, & in sylvis oppiduli *Ascome* dicti prope Eboracum.

Retia. Ipsis prægrandium Quercuum Truncis amplissima retia affigere amat ; & inter majores alicujus arboris ramos: est sanè inextricabilis & planè mirificus macularum contextus, sive conglobatio.

Nidus. Ineunte Junio nidificat ; idq; interdum perindè ut de proximè superiore expositum est, sc. Nidum linteoformem suprà arcuatum, infrà apertum, ad Cassidis similitudinem conficit : interdum verò nido extemporaneo contentus est ; sc. è folio aliquo deciduo & marcescente confecto; ipsi autem Nidi ferè in mediis reticulis collocantur.

In singulis autem hujusmodi Nidis, sub initium Augusti plures araneolos inæquali partu reperi : sin verò citiùs in nidum incidas, plerunq; duos, modò tres, quatuórve, & *Folliculi.* interdum quinq; folliculos, ovis repletos numerabis: unusquisq; autem Folliculus & magnitudine & figurâ lenticulari est, & colore subrufo.

Aliquando

De Araneis Octonoculis.

Aliquando in quodam id genus nido, (sed semel id tantùm) à me unicus repertus est folliculus pisi minoris magnitudine; in quo etiam multo major ovorum copia inclusa est, quàm pro consuetudine animalis.

TITULUS XV.

Araneus cinereus è minimis, maculâ nigrâ in summis clunibus insignitus.

HIC est in minimis vel sui vel alterius generis numerandus; ita ut perdifficile est eum exactè describere. Ei color cinereus ad nigredinem vergens: pilosus. *Descriptio.*

Quis sit oculorum & numerus & ordo bono microscopio in conspectum adducere licet: sc. eorum quatuor medii in figurâ quadrangulâ ad æqualem distantiam disponuntur, & utrinq; alii bini propiùs collocati.

Pedes crassi, breves, subrufi, maculosi; quorum primi & ultimi medios longitudine excedunt.

Alvus à pectore plenior, paulatimq; fit acuminatior; suprà in summâ alvo prægrandem maculam nigram conspicere licet: itémq; paulò infra illam versus anum sunt aliquot lineolæ, fuscæ, obliquæ, velut totidem costulæ.

In summis Genistæ spinosæ surculis; item in Frutetis ubiq; frequens à Maio mense. *Locus.*

Reticula exigua pro proportione animalis è plurimis conglobatis maculis tendunt. *Retia.*

Item Muscæ in iis captæ sunt perexiguæ.

Ferè juxta Reticula nidificant, Junio mense, interdum citiús.

Albida Ova pariunt; circiter quinq; in Folliculo; is autem perexiguus est, figurâ lenticulari è materiâ *candidissimâ* *Ova. Folliculus.*

diſſimâ membranaceâ ſive linteoformi. Horum verò folliculorum plures ſimul in eodem nido, more aliorum ſui generis, ſæpiùs notavi.

Diverſimodè nidificant; interdum ſupra alicujus arboris aut herbæ folium, in Reticulo venantur, dum Ovorum folliculi infra idem folium affixi ſint: interdum in Ericetis montium noſtrorum altiſſimorum in partibus Angliæ borealibus plures hujus aranei (an, alius valdè ſimilis) Folliculos intra aliam Thecam è laxiori contexturâ incluſos, ſæpiùs obſervavi: interdum, quod notabile eſt, folliculum hujus aranei alteræ ceraſi fructûs maturi & edulis extremitati, ubi ſc. commodiſſimus huic rei ſinus eſt, affixum centies vidi; tu verò illam facilè credas candidam maculam eſſe vel ſquamulam neſcio quam, vel quamlibet aliam rem, quàm quæ eſt: adeò ſtomachi maximè delicatuli quoties hanc innocuam buccam non minùs ignoranter, quàm avidè devorârunt!

TITULUS XVI.

Araneus puſillus, lividus, picturâ cluunium nigrâ & veluti denticulatâ.

Deſcriptio. IS proximè ſuperiorem magnitudine æquat; puſilla admodum beſtiola.

Ei color ſublividus.

Ejus octoni oculi non, niſi optimo Microſcopio, in conſpectum adduci poſſunt; etiam ipſum caput priùs trans flammam, huc illuc aliquoties celeritérq; dimovendum eſt; ita enim, capite à pilis albidis nudato, apparent oculi, ſuccini inſtar ſplendentes; eandémq; diſpoſitionem ſervant, qualem in univerſis ſuperioribus expoſuimus.

Pedes tenues nigricant; eorum primi, deinde ultimi,
tùm

De Araneis Octonoculis.

tùm secundi, postremò tertii, alii alios longitudine superant.

Alvus figurâ plenâ & compactili; suprà exornatur nigerrimâ quâdam picturâ foliaceâ, quasi denticulatâ; siquidem versus anum sunt quædam lunatæ lineolæ, quarum quæ superior proximè inferiori gradatim minuitur.

Maio exeunte, id genus araneos aliquammultos inter *Locus.* genistam spinosam inveni: mares quoq; unà cum fœminis etiamnum aderant, tumidis corniculis insigniti.

Circa summos Genistæ spinosæ surculos reticula conglo- *Retia.* bata tendit.

Ibidémq; quoq; nidificat: 4 die Junii aliquot folliculos paucis ovis repletos in singulis nidis inveni: iidem autem *Ova.* Folliculi sunt exigui, figurâ lenticulari, ex materia linteo- *Folliculi.* formi sive membranaceâ confecti; iis color ex viridi subcæruleus.

MEMBRUM III.

De Araneis Telas linteoformes texentibus; nimirum reticulorum filis densè inter se contextis in modum Veli sive Panniculi.

CAP. I.

De Araneis Telarum authoribus in genere.

Aranei lintearii Telas ad nostrum artificium haudquaquam componunt; quamvìs eorum opera ejus speciem quandam præ se ferant. Antiqui quidem voluerunt nos ab hisce animalibus similia opificia edoctos fuisse,

De Araneis Octonoculis.

& ad noftros ufus per imitationem tranftulifle; fed hæ Fabulæ funt! hic certè nulla eft filorum elegans & ordinata contextura, nifi quam cafus dederit; fiquidem in horum araneorum operibus nihil minus notetur, quàm ftamen tramáq; : fed illud quoq; à veritate nimiùm alienum eft, quòd fint confecta fine filis tranfverfim actis, ex arctiffimâ quadam villorum in longum continuitate, ut Moufetus credidit.

Alii autem fpiffam, alii tenuiorem Telam pro cujufq; natura & ufu conficiunt : omnes tamen eam in hunc ferè modum, quantum nobis adhuc obfervare licuit. Primùm ab his fila horfum atq; illorfum temerè deducuntur, idem fpatium femel atq; iterum omni ex parte percurrendo, imum, zmum fubinde admovendo, figilli velut ufu ad ea firmanda intérq; fe adglutinanda; donec à fimplicium filorum in eodem ferè plano deductorum multitudine, illud plenè occupârunt, ac fi quoddam velum eflet expanfum.

Eft etiam in quo hi commune artificium ad venationem cum proximè fuperioribus oftentant : nam præter Telam five Velum expanfum, funt etiam plurima fimplicia fila defuper prætenfa, ínq; quafdam quafi maculas difpofita; ut funt in Navibus ab antenna malífq; Funes: ad hæc ferè primò mufcæ impingunt, deinde in ipfas Telas præcipitantur.

Hujus verò generis araneorum hæ funt notæ characterifticæ. 1. Habere quafdam circiter quatuor Appendices, ab ano prodeuntes, mobiles & flexibiles. Textrinæ apprimè accommodatas; quarum quòd duæ fuperiores ferè reliquis longiores funt & valdè confpicuæ, bifurcatâ caudâ infignirí videntur. 2. Ex quatuor mediis oculis, qui duo ori propiores, minùs inter fe diftant, quàm alteri bini fuperiores. 3. Duo poftremi pedes totidem anteriores longitudine vel fuperant vel æquant. 4. Plerofq; efle pilofos.

CAP.

De Araneis Octonoculis.

CAP. II.

De Araneis Linteariis in specie.

Hujus autem generis sunt alii, qui densam & spissam Telam conficiunt; ipsisq; Telis, prope infundibulum, nidificant.

TITULUS XVII.

Araneus subflavus, hirsutus, prælongis pedibus, domesticus.

IS ferè inter mediocres est.
Ei color subflavus, aut pallidè fuscus, maculosus, hirsutus.
Humeri latiusculi, at paulo angustiores versùs frontem.
Ejus octoni oculi nigricant, & valdè conspicui sunt; quatuor medii in figurâ quadrangulâ inæqualiter inter se distant; siquidem qui ori propiores sunt, magis appropinquantur; reliqui verò per paria utrinq; disponuntur, & conjunctiores inter se sunt.
Ex pedibus ultimi longissimi; post hos primi; tùm secundi; brevissimi tertii.
Alvus ei plena, ferè æquali crassitie; suprà duplici subflavarum macularum serie insignitur, item huic ibidem quædam obscuræ lineolæ ad angulos acutos concurrunt.
Appendices ab ano conspicuæ, more hujus generis singulorum.
Vetustate fiunt facilè omnium multò grandiores; ut araneorum monstra videantur; at id non ab alvi incremento,

De Araneis Octonoculis.

mento, quæ ferè etiam in his modicæ aut minoris magnitudinis est; sed in summâ pedum & crassitie & longitudine & hirsutie. Hi verò rarissimè occurrunt. In superioribus aliquibus (vide T. T. 1. 3.) similis observatio exposita est.

Locus. Is autem araneus in ædificiis squalidis nimiùm frequens est; in sylvis quoq; à me aliquoties inventus est.

Sub initium Junii in iisdem Telis marem unà cum fœminâ adfuisse notavi; his animi causâ muscas injeci; è quibus una à fœminâ, altera à mare arrepta est.

Ova. Julio exeunte, nidificat in medio linteo prope infundibulum; quo loco perpetuò se continet ad prædandum; ipsis autem ovis superinjicitur altera tela nivea, ac si ea intra Telas intertexta fuissent.

Ipsa autem ova albida sunt; miniméq; inter se cohærent; sed, aperto folliculo, diffluunt.

TITULUS XVIII.

Araneus cinereus, maximus, ani appendicibus insigniter prominentibus.

Descriptio. IS in maximis araneis numerandus est.
Ei color cinereus aut sublividus.
Humeri fusci, crassi, in medio paululùm fastigiati.
Oculi ita ordinantur; nimirùm quatuor in figurâ quadrangulâ, reliqui verò quatuor utrinq; per paria; ad eorum sc. angulos ex quatuor mediis, qui ori propiores sunt & minùs inter se distant.
Ei pedes crassi, longiusculi, spinulis hirsuti, maculosi; idémq; de corniculis dictum sit. Ex pedibus primi & ultimi ferè æquali sunt inter se longitudine; tùm secundi; tertii brevissimi.
Tela ex atro rubent.   Alvus

De Araneis Octonoculis.

Alvus sublivida plena admodum, productior; à pectore paululùm declivis sive acuminatior versus anum; suprà utrinq; circiter senæ lineolæ subalbidæ, ad obtusos angulos coëuntes.

Venter fuscus, planus.

Ab ano eminent ex appendicibus maximè duæ velut altera cornicula; quas dum ingreditur, perpetuò motitat.

Mense Maio, caput humeriq; eorum, qui modicæ magnitudinis sunt, aut nondum adulti, colore subruso in modum mali aurantii insigniuntur; item his alvus sublivida; neq; tamen reliqua ejus lineamenta nimiùm obscura sunt, quin facilè discerni possint.

Julio exeunte, mas unà cum fœmina in iisdem Telis reperitur: huic pedes multò longiores, extremáq; cornicula velut quibusdam capitibus sive nodis turgent. *Mas.*

In Australibus Angliæ partibus hæ bestiolæ admodum frequentes; at in Septentrionalibus rariùs occurrunt; inter genistam tamen spinosam etiam circa Eboracum & alibi eos multoties vidi. *Locus.*

Per hyemem se abscondunt, in parietum fissuris, aut sub cortice alicujus annosæ arboris, Telis spissis involuti. *Hyberna.*

A solstitio autem æstivo hos in vepribus & dumetis invenire licet: ubi Telas omnium amplissimas pandit; illud verò perpetuò curat, ut sit retro cellula, sive patulum foramen in fundo Telæ, quà se celeriter recipiat, aut ubi tutò habitet, prædæq; capiendæ invigilet. Illud insuper in his Telis maximè notabile est, multa simplicia fila, velut navis apparatus, funes quod spectat, ab incredibili aliquando altitudine (modò id propter loca opportunum sit) rectà deorsum super linteum cadunt, & transversim etiam deducuntur; in hæc verò si muscæ offendant, in lintei sinum subter positi præcipitantur. *Tela.*

His vel maximæ Apes prædæ sunt; at Formicis majoribus vehementer delectantur; adeóq; juxta earum colliculos *Victus.*

I 3

culos ferè telas præpendunt: an fortè ideò aciditatis id genus animalium participent, aut aliâ quavis proprietate excellant. In infundibulis certè ingens copia muscarum aliorúmq; insectorum occisorum.

A Calendis Sextilibus, non longè ab infundibulo, Folliculum observavi, ipsis Telis intertextum; in hoc verò plurima Ova albida (sexaginta ipse numeravi;) sed omnium cujuscunq; speciei araneorum, hactenus mihi visorum, maxima.

Ex his foeminam gravidam, vitro inclusam diu servavi; subindè muscas, scarabæos, aliquando etiam sui generis araneos aliósq; majusculos victui subministrando; quos omnes illa mox acriter aggressa est, ac suo more sugendo, artúsq; diripiendo depasta est. Post mensem verò exactum ova peperit, eáq; in medio vitro suspensa miris telis involvit; ipse autem Folliculus *stellæ* in modum formatus est; ipsúmq; præterea vitrum satis amplum aliis filis, velut fumo implevit; in quo tamen vias, & itinera, plurimásq; quasi concamerationes reliquisset, quibus liberum sibi aditum ad folliculum aperuisset. Post diem verò à partu vigesimum, circiter Cal. Septembres, quòd ne adhuc quidem ullam mutationem trans vitrum in ovis observare potuissem, ut in aliis similibus experimentis didiceram, folliculum è vitro eximere & aperire volui; ut si fortè ipsæ telæ aut quid aliud Araneolorum nascentium exitum impedirent, notarem. Ecce autem ova jam tùm integra inveni; imò ita ut planè nihil inerat in illisis ovis & microscopio examinatis, præter sui similem materiam prorsus immutatam, & talem qualem ab initio eorum partûs. Propter assiduam verò fovendi curam, atq; ipsius matris & multo ante partum & post cum summam alacritatem, quòd omnes muscas victui oblatas nunc ut ante partum acriter interficeret, ac liguriret, in animum inducere vix possem, illa Ova irrita aut subventanea fuisse: suspicor tamen,

De Araneis Octonoculis.

tamen, ut in ufu eft quarundam Papilionum ovis, diu, imò per totam hyemem integra manere, antequam ex iis fœtus edendus fit. Quæ verò ex his reliqua fuerunt ova, nam omnia non illifi, iterum vitro indidi, eáq; ftatim folitâ fuâ curâ amplexa eft mater, aliífq; novis telis diligentiffimè involvit.

Medio autem Septembri plurimos hujufmodi folliculos, quos in vepribus inveni, aperire & excutere volui: in quibus fingulis Ova fimiliter integra notavi.

Proximum verò experimentum iteravi; aliámq; gravidam fub idem tempus anni vitro inclufi; ab illa verò idem folliculus ftellatus itidem confectus eft; in quo Ova etiam trans vitrum mihi fatis vifibilia, & à me diligenter obfervata funt per totam hyemem: at eadem rerum facies ufq; ad Februarium menfem; quo tempore è folliculo egreffi funt Araneoli, verfúfq; vitri os afcendere cœperunt; in hoc autem ftatu eos ad medium ufq; Aprilem fine ullo victu fervavi; tandémq; è vitro excuffos, fui juris feci.

Æftate autem admodum calidâ anni 1676 exeunte Augufto, horum folliculos aliquot aperui, in aliis ova integra reperi; in aliis verò araneolos exclufos & coloris fubrufi; at Folliculi tunicæ adhuc integræ fuerunt.

CAP.

CAP. III.

De Araneis rariori & tenui Texturâ Telam conficientibus; & qui extra quidem, sed tamen juxta eam Nidificant.

TITULUS XIX.

Araneus niger aut castaneus, glaber, clunibus summo candore insterstinctis.

Descriptio. IS verò modicæ magnitudinis est.
Ei color nigricans.
Oculi ita ordinantur, ut quini tantùm videri possint; sed si quis eos diligentiùs microscopio examinaverit, ex quatuor mediis, qui propius Tela sive animalis os, unicus videtur; cùm tamen planè duo sint: qui verò retrò supra frontem ponuntur, manifestò singulares sunt, & ex longiori intervallo situm habent; item reliqui quatuor extrà positi, utrinq; ad angulos ipsius frontis ordinantur, parúmq; distant, quin potius proximè conjunguntur.

Pedes longi, tenues, maculosi; primi an ultimi longiores? Post quos secundi; tùm tertii brevissimi sunt.

Alvus ei plenior, orbiculatior, paulo declivior & acuminatior versus anum; huic color castaneus ad nigredinem accedens, maximè in ventre & super clunes; tamen ad alvi latera è candido variatur, idq; præcipuè in gravidis conspicitur; in quâ etiam pars alvi superior lineolis quibusdam candidis tùm maximè notabilibus distinguitur.

Ab ano appendices quædam extant.

Fœminis

De Araneis Octonoculis.

Fœminis paulò ante partum alvus magis intumescit, adeóq; inflectitur, candidóq; nitore etiam foliaceo pulchrè distinguitur. Maribus verò gracilior & aliquanto productior alvus, retusa, haud ullo candore distincta; pedes rufescentes; tela corúmq; brachia valida; extrema cornicula tuberculis insignita. *Mas.*

Hic autem Araneus à primo Vere in sylvis frequens, ac si quis alter: item ubiq; per prata, & in fossis siccis herbidísq; *Locus.*

Omnium longè tenuissimam telam pandit; at latam; eámq; æqualiter expansam supra summam herbam, aut ad quercuum truncos: item hæc pertenuis Tela ex superiore parte instructa est innumeris filis simplicibus, in modum reticuli conglobati intertextis; in quæ cùm offenderint nec opinantes Muscæ, in linteum præcipitantur. *Tela.*

Ipsius autem Telæ conficiendæ ratio, quod sæpius vidi, hæc est: nimirùm ab ano fila continenter remittit bestiola; eíq; quoquoversum temerè at ferè in eodem plano deducit; subinde fila priùs remissa ani apice leviter tangendo; quod ubicunq; fecerit, hæc novissima fila aliis firmiter adhærent. A medio Martio ad orientem solem hæc tu quoq; quotidie observare possis.

A primo Vere in pratis pascuisq; sunt innumeræ quædam exiguæ telæ sive linteola, ita tenues raræq; ut de die penè visum, certè minùs diligentem effugiant: at summo manè ob nocturnum rorem valdè conspicuæ fiunt: hujus verò generis araneolorum Opera ea maximam partem fuisse exploratum habeo.

In his autem Telis nullum infundibulum aut Tubulus est: sed perpetuò se continet araneus subter telam, cœlum spectans; Muscas verò, quæ in telam incidunt, trans ipsam telam, quam suprà diximus esse rarissimam, sibi attrahit.

In sylvis squalidis vetustísq; uti sunt, quæ prope *Ascome* agri Eboracensis, ad quercuum Truncos innumeri id genus

De Araneis Octonoculis.

mus aranei telas suas pandunt. Junii verò medio juxta singulas telas singulos folliculos reperire licet.

Folliculus. Folliculus autem è laxioris & solutæ texturæ filis fit;
Ova. ipsius autem folliculi filis demptis, Ova, quòd minimè inter se cohærent, diffluunt; ipsa autem intùs comprehensa non pauca sunt, ex flavo rufescentia.

Item in aliquibus duplicem partum notavi; unum sc. folliculum juxta alterum affixum; at eos inæquales; nempe ex uno araneoli editi, in altero ova nupèr parta. Ex his alias insuper fœminas, etiam ineunte mense Septembri gravescere, sæpenumerò vidi; marésq; tùm unà adfuisse in iisdem Telis. Item earundem folliculos autumnales, ut opinor, per totam hyemem reconditas esse in musco ad radices annosarum arborum.

Ad Cal. Novembres hujus speciei penè infinitam prolem passim notavi, præcipuè filiorum ejaculatione & volatu mirè se exercentem. Illud quoq; addendum de his putavi; me animi causâ ex his, qui ex aëre descendebant, aliquot cepisse; qui quidem statim ac è manibus meis dimitterentur, altero protinus ejaculato filo, intrepidè ascensum rursùs in aërem moliti sunt, atq; è conspectu meo longè evolavêre.

Horum verò Araneolorum forma ab adultis eorúmq; parentibus mirè abludit: his enim summa nigredo resplendens, exceptis pedibus, qui, uti diximus suprà in maribus, crocei. At ea fuligo, ut adoleverint, in castaneum transit, multóq; candore distinguitur. Item à corniculis tumidis etiam nunc mares minutili facilè dignoscendi. Rursus exeunte Martio ex iisdem Araneolis pusillos admodum, haudquaquam auctiores quàm longè ante brumam, observavi; tùm hos etiam colorem ex atro resplendentem servare, & pedes subcroceos habere.

TITU-

De Araneis Octonoculis.

TITULUS XX.

Araneus fuligineus, & humerorum fastigio, & clunium pictura candida, ad margines denticulata.

AD mediocres accedit.
Ei color fuligineus.
Humeri parùm elevati, fastigio candido.
Oculi ob insignem capitis nigredinem difficilè discernendi; eorum verò medii quatuor inæquali distantiâ disponuntur; ut qui superiores duo magis, qui verò duo ori propiores minùs inter se distent; reliqui quatuor conjunctim ferè ex utraq; parte bini.
Pedes non nimiùm breves, hirsuti, maculosi, sic ordinati; ultimi omnium longissimi, deinde primi, tùm secundi, tertii brevissimi.
Alvus productior, ferè æqualiter crassa, an paulo plenior versus anum, subteres, suprà candidâ picturâ admodum insignitur; cujus picturæ latiusculæ margines lineolis nigricantibus denticulantur.
Ab ano appendices conspicuæ.
In regione montosâ agri Eboracensis *Craven* dicti, nus- *Locus.*
quam non inter maceriam reperitur; item in agro Lincolniensi, & non rarò circa hanc urbem in locis similibus illum inveni satìs frequentem.
Telam non nimiùm amplam, rarissimâ pertenuiq; tex- *Tela.*
turâ, pandit: hujus autem medio est quoddam infundibulum sive Tubulus, è quo prædæ capiendæ causâ diligenter invigilat.
Maio exeunte, mares, corniculis tumidis alvo strigosiore conspicui, unà cum fœminis adsunt in iisdem telis.
Fœminis paulò ante partum, cùm iis alvus nimiùm distenditur, pictura clunium minùs pulchra est.

Ova. Junio mense ejus ova pallidula alicui lapidi affixa pone infundibulum facilè reperies ; ea autem candido Folliculo diligenter involvuntur.

CAP. IV.

De Araneis minùs propriè dictis Telarum authoribus.

PRIVATIM

De Araneo, qui intra speluncam Telam quidem sive infundibulum linteum conficit ; cui foràs adnectit Reticulum è maculis in plano quidem dispositis, at inordinatis & rudibus.

TITULUS XXI.

Araneus nigricans prægrandi maculâ nigrâ in summis clunibus, cæterùm iisdem imis obliquè virgatis : an speluncarius Moufeti ?

Descriptio. HIC majoribus annumerandus est.
Ei color nigricans sive fuscus. Tela ex atro rubent.

Humeri crassi & in quoddam fastigium subrotundum eminent ; ipsum caput paulò planius est.

Oculi, è microscopio visi, coloris succini apparent: ita ordinantur, ex quatuor mediis qui duo supra frontem retrò positi, parvo intervallo inter se distant ; ori verò, qui duo propiores, multò magis ; alteri quatuor per conjugationes utrinq; disponuntur.

Pedes

De Araneis Octonoculis.

Pedes crassi, maculosi, nec nimiùm longi, quorum ultimi longissimi, an primi, tùm secundi, tertii brevissimi.

Alvus admodum plena, ad anum paulo crassior, quàm à pectore: suprà proximè à pectore est nigra macula prægrandis ferè parallelogrammoides, circa quam maculam obscurè flavescit, infra eandem ex utraq; parte aliquot obliquæ virgulæ coëunt ad angulos obtusos.

Venter creberrimis maculis nigris infuscatur.

Ab ano breviores aliquot appendices.

Tota ferè bestiola molli lanugine contegitur.

Maribus verò pedes altero ferè tanto longiores sunt, *Mas.* quàm fœminis.

In parietum fissuris per hyemem latet, candidis Telis in- *Locus.* volutus: item id genus Aranei summa altissimorum Templorum tecta, Turriúmve fastigia libenter scandunt; in ædificiis ubiq; frequens & alibi in rupium fissuris.

Est autem dubii aut mixti Operis auctor: etenim in- *Tela.* fundibulum linteoforme primò texit; deinde huic reticulum adnectit, circumcirca ad parietes præpansum; illud verò è maculis inordinatis, in eodem tamen plano ferè dispositis.

Ipsa autem reticuli fila inæqualiter crassa sunt; solito candidiora, ac si opaca essent; texturâ solutâ, instar serici nondum in filum torti.

18 die Junii ex his plurimos in maceria inveni, candidis *Folliculus.* Telis spissis involutos; intra quos tamen unà semper aderat Folliculus rariori texturâ, ova continens. Ipsa autem ova inter se soluta, albida, numero pauca; exiguâ *Ova.* magnitudine citra animalis proportionem: an plura edant partitis vicibus?

Item in aliquibus nidis Araneoli jam editi.

Ex his fœminam gravidam unà cum scolopendrâ majore rufâ, infestísq; telis armatâ, sub eodem vitro inclusi: illam verò aggressa est aranea, eámq; pluribus in locis morden-
do.

do confecit; vulneribúsq; adhærens suctu eam depasta est.

Huic araneo, dum in Reticuli vestibulo prædæ capiendæ invigilabat, majusculam muscam conjeci; quam celeriter quidem arripuit, atq; unico morsu, quantum notare potui, occidit, ita ut temporis momento ex toto immobilis atq; emortua est.

Per hyemem maximè in tempestate pluviosâ prorepunt hi similésq; aranei domestici: illud verò in causâ esse possit, eorum cavernulas ruinosas, ubi eos latere diximus, contra vim tempestatis non satis tutas esse: ipsi autem ejus sævitiam ex parte patiuntur, priùs quàm ex hybernis migrant: aut cùm huic simile aliquid incidit, potiùs quàm nescio cui animalis præscientiæ referendum esse existimo.

CAP. V.

De Araneis lintcariis, qui parvâ admodum Telâ ad prædandum contenti sunt; intráq; illam quoq; Nidificant.

TITULUS XXII.

Araneus cinereus mollis sive lanuginosus, cui in alvo obliquè virgatâ, macula latiusculâ nigricans.

Descriptio. INter mediocres numerari debet: ei color cinereus; totus mollibus pilis lanuginéve contegitur: tela rubent. Humeri eminent fastigiati.

Oculorum hæc est ratio; nempe quatuor in mediâ fronte, quorum duo superiores satìs longo intervallo distant;

De Araneis Octonoculis.

stant; duo verò inferiores ferè conjunguntur, an etiam paulo majores hi? deinde alii bini ex utraq; parte etiam conjunctim positi; at obliquè.

Pedes tenues, breves, non maculosi; quorum primi reliquos longitudine multùm excedunt, deinde ultimi, tùm secundi, tertii brevissimi.

Alvus plena, productior, ejúsq; media paulò tumidior; in superiore parte macula latiuscula è nigro rubens; at infra maculam aliquot obliquæ virgulæ ad obtusos angulos coëunt.

Longiores ab ano appendices tantisper ostendit bestiola, dum fila libenter ducit.

In sylvis & in vicinis pratis, alibíq;, præcipuè australi- *Locus.* bus Angliæ partibus, non nimiùm rarus.

Per hyemem verò latitat subter annosarum arborum corticem.

Media æstate & circa autumnum ex his fœminas pluri- *Ova.* mas inveni, in candidis Telis vel folliculo inclusas unà cum fœtu, aut jam edito, aut adhuc in ovis. Hujusmodi autem Folliculi ferè in summis herbis proceris inveniuntur. Atq; eadem ratio & nidificandi & prædandi, quantum scio, est.

TITULUS XXIII.

Araneus plerunq; lividus, non rarò tamen subflavus, sine ulla pictura.

IS autem ferè modicæ magnitudinis est; etsi ex iis sint, *Descriptio* qui inter majores numerari debent.

Ei color sublividus, qualis in muribus domesticis; modò subflavus, aut subrufus; ejus tamen color, quicunq; sit, nulla pictura aut macula variatur, sed ex toto sui similis est.   Brevissimis

De Araneis Octonoculis.

Brevissimis densissimísq; pilis mollibus contegitur, non sine quodam splendore.

Ejus Tela nigerrima, admodum crassa validáq; ; adeóq; ejus morsus pertimescendus, quòd vehementer noxius esse possit.

Humeri lati & paululum gibbi.

Octoni oculi æquali magnitudine sunt, sícq; ordinantur; quatuor medii inæqualiter distant; ut superiores propiores inter se sint, inferiores ex intervallo majori: reliqui quatuor utrinq; bini disponuntur conjunctim feré.

Pedes longè omnium crassissimi sunt, nec nimiùm breves; eorum primi, secundi, ultimíq; longitudinem quod spectat, non multùm inter se differunt: neq; verò tertii adeò breves sunt, ut in reliquis araneis. Illud semel notavi, è primis pedibus dextrum & multo tenuiorem & suo compari breviorem; an id fortè per accidens?

Alvus productior, paululum acuminata, unicolor; ab ano appendices quidem, sed non nimiùm extantes.

Locus. In ruderibus & dumetis frequens; item in ædificiorum parietibus non rarus.

Candidis Telis inclusi per hyemem latent, maximè ubi alicujus annosæ arboris cortex malè adhæret.

Ex his aliquot thecâ stanneâ incluseram, eósq; singulos postridie singulis folliculis involutos notavi.

Humor, qui ab acûs puncturâ ex eorum corpore profluit, pellucidus est, & dilutus admodum videtur; tamen paucis momentis exsiccatur, & fit fragilis velut quoddam gluten.

Exeunte Junio ex his fœminam inveni subter coryli corticem latentem, amplísq; telis inclusam: quibus demptis, in aliis interioribus telis Folliculum adverti, multis *Ova.* ovis ferè candidis sive niveis refertum.

Ipsa autem Ova majuscula & numerosa fuerunt; aperto folliculo, quòd minimè inter se cohærebant, diffluxerunt.

Sub

De Araneis Octonoculis.

Sub idem tempus eundem Folliculum subter alicujus arboris folii partem pronam affixum observavi; aliisq; telis coopertum; intra quas ipse etiam araneus latuit.

Item ad Calendas Quintiles in summis herbis proceri- *Venatio.* oribus plures hujus generis araneos fœminas intra suas telas inveni: ubi etiam numerosus fœtus: præter linteum verò alia etiam fila simplicia in quasdam quasi maculas circumcirca disponere solet. Ut & venandi & nidificandi eadem ferè ratio sit.

Hunc Araneum in ædibus nostris sæpè Erronem vidi; illúdq; adeò non silendum duxi, me alterius cujusdam aranei ova forte in mensa negligenter reliquisse: quæ mox ex his erronibus aliquis avidè corripuit, dimidiúmq; folliculum in paucis horis depastus est; imò, verò postea, ut rem certiùs explorarem, folliculi semiesi reliquum in eandem mensam de industria remisi, eundémq; helluonem sub noctem reversum, & folliculum rursus ligurientem deprehendi.

CAP. VI.

De Araneo histerio anomalo, sive sui generis, an fi-nosulo?

TITULUS XXIV.

Araneus subflavus, alvo quasi cylindraceâ maculis quadratis insignitâ; item cui ad alvi latera singulæ obliquæ virgulæ flavescentes.

EST animal lanuginosum; & è majoribus araneis. Ei color subflavus aut paulò fuscior.
Humeri subfusci.
Tela nigricant.

Illud planè singulare, si verum, huic non ampliùs sex Oculos datos esse; sed me vitrum meum fortassè fefellit. Ita autem, quos discernere liceret, disponuntur; nempe, in mediâ fronte bini ex intervallo, & ex utraq; parte alii bini ferè conjunctim: atq; ii, qui in mediâ fronte, paululùm minutiores mihi visi sunt, quàm reliqui extimi. Sed hæc curiosiùs exploranda.

Pedes crassi, non nimiùm longi, maculosi.

Alvus productior, ferè cylindracea sive teres, obtusa, plena; in superiore alvi parte est quædam quadratarum macularum series, catenæ in modum dispositarum; eædémq; nigricant, at si soli obvertantur, purpurascunt; tota præterea alvus crebris punctulis fuscis conspergitur; item ad alvi latera utrinq; sunt singulæ obliquæ lineolæ flavescentes.

Mares corniculis tumidis insigniuntur.

De Araneis Octonoculis:

In australibus Angliæ partibus subter annosarum arborum cortices, item in parietibus admodum frequens: apud nos verò in septentrione rarissimè occurrunt; tamen ex iis paucos inveni in angustis regiuncula montosæ *Craven* dictæ.

Per hyemem in candidis Telis latent.

Ad Calendas Junias ex his fœminam in maceriâ inveni, Telis inclusam unà cum fœtu numeroso.

SECTIO II.

De Araneis Venatoriis, *sc. qui aperto Marte muscas insectantur, nullo artificio vel reticuli vel Telæ adhibito.*

CAP. I.

De Araneis Venatoriis in genere.

HActenus araneos retium textores, cujuscunq; illi generis fuerint, exposuimus: in alterâ verò sectione ea aranearum genera proponam, qui, cùm aliàs possint, neutiquam tamen prædandi causâ texunt. Etenim, dum ova Folliculis diligenter includunt, ea fœtûs cura est: deinde ex iis plerosq; per hyemem in elegantissimis sui artificii telis latitâsse ipse deprehendi; adde quòd iidem lacessiti, de ventre fila remittunt; atq; ea sui cura est, ut injurias evadant. Ipsumq; idem deniq; tùm libentissimè factitant, ubi serenissimis illis diebus autumnalibus mirificâ filorum ejaculatione, & in aëre vectione vehementer oblectantur; quam tamen exercitationem, muscas capiendi causâ fieri suspicari fas est. Hi autem omnes Venatorii à me appellantur, quòd prædam infectantur, non expectant. Ut autem in genera inferiora eos diducerem, singulorum notas communes & convenientias primò percurram.

CAP. II.

De Araneis Lupi dictis in genere.

DE Luporum autem nomine minùs contendo, an proximè describendis solis conveniat, aut etiam aliis quibuslibet araneis acriter prædam infectantibus, quæ fortè hujus appellationis ratio fuit apud antiquos. Ut verò aliquibus nostris bestiolis illud nomen aptetur, earum notas characteristicas breviter enarrabo.

1. Oculis quatuor magnis & totidem exiguis donari. 2. Habere pedes postremos omnium longissimos. 3. Idq; ob singularem partûs vecturam, qui, dum in ovis, ano adhæret Folliculo inclusus; ubi autem arancoli edantur, ii matris dorsum ascendunt, à quâ sic circumferuntur universi. 4. Per terram venantur, raróq; vel arbusculos scandunt, nisi id fortè inter volandum accidat.

C. A. P.

CAP. III.

De Araneis Lupis in Specie.

TITULUS XXV.

Araneus niger.

Inter mediocres numerandus est.   *Descriptio.*
Tàm mari quàm fœminæ color nigerrimus.
Ei caput exiguum, acuminatum.
  Oculi ita ordinantur; ori quatuor propiores, exigui sunt, pérq; paria ferè conjunctim positi; pauló retró in ipsâ fronte alii duo, longè omnium maximi, magisq; inter se distantes; adhuc magis retró versus humeros alii duo etiam majusculi, ex longiore intervallo.
  Pedes pulchrè maculosi; idq; maximè conspicuum, si aquâ demittantur; eorum a. hæc est mensura, ultimi reliquis multò longiores, tùm primi, deinde secundi, postremò tertii; sed inter hos vix aliquis notabilis excessus est.
  Alvus plena, subteres, versus anum pauló crassior; ejus pars superior maculis nigris in duplici serie exornatur.
  In sylvis admodum frequens est, & alibi in dumetis & *Locus.* pascuis.
  Ad rivulorum ripas sub initium Maii mares vidi fœminas ad venerem excitantes; illas infectando, suásq; antennas tremulo quodam motu vibrando; contrà fœminæ mares propellebant.
  Ipsos etiam rivulos haud invitè transnatant, certè vel leviter propulsi.

De Araneis Octonoculis.

Exeunte Maio, singulorum araneorum ano adhærent singuli folliculi; sc. eorum unusquisq; ad magnitudinem piperis grani; parùm depressus; ferè subcyaneus, aliquando subflavus; membranaceus sive textus densæ telæ instar linteæ.

Ova. Ipsa autem ova subrufa; numero circiter viginti in singulis folliculis.

Dum ova circumvehit mater, valdè strigosa est.

7 Junii fortè tùm primùm è millenis unum araneolos suos supra dorsum vehentem vidi; reliqui autem in folliculo suos adhuc sub ano fovebant circumferebántq;

Inter approbata remedia D. *Mathei Lister* Equitis aurati, proavi mei plurimùm honorandi, illud invenio, quod sine invidia communicandum putavi; nimirùm aquam stillatitiam ex araneis nigris optimè vulnera sanare; idq; fuisse ex secretis D. *Gualteri Rawley*, fortissimi viri.

TITULUS XXVI.

Araneus fuscus, alvo obliquè virgatâ.

Descriptio. Mediocribus annumerandus est; at interdum reperiuntur ex his quidam subcinerei, qui vulgarem magnitudinem facilè excedunt.

Ei color fuscus; tela capútq; nigra, & incanâ lanugine consperfa.

Prope os quatuor exigui ocelli, sine microscopio vix discernendi: super hos alii duo prægrandes; post illos paulò retrò ad humerorum fastigium alii duo majusculi.

Pedes luci objecti crebris maculis distinguuntur; hirsuti; quorum ultimi, ob commodam partûs vecturam, omnium facilè longissimi; reliqui à primis incipiens, suo quiq; ordine sequuntur tam longitudine quàm numero.

Alvus

De Araneis Octonoculis.

Alvus plena, productior, subteres, paululùm acuminata.
Hujus generis aranearum est infinita passim vis, per ter- *Locus.*
ram in campis currentes & alibi.
Per hyemem verò sub terram in dumetis latent.
Exeunte Maio singulis araneis singulos Folliculos, ano *Folliculus.*
subter appensos, observare licet. Ejus verò color ferè
subcæruleus, incedùm subflavus; orbiculatus, aliquantulùm depressus; ad magnitudinem grani piperis; membranaceus.
Sub initium aut medium Julii Folliculus per medium
dehiscit, exeúntq; aranoeli; ipsi mox matris dorsum a-
scendunt, eósq; ipsa super clunes humerósq; secum gesta-
re gaudet, fovet, nutrit, i. de sua prædâ alit; jucundissimum planè spectaculum!
Folliculum, ovorum involucrum, si subter adimere ten-
tabis, eum bestiolæ ventri sili ope ab ano remissi firmiter adligatum invenies, at quo nodo inquies? respondeo
ubicunq; araneus anum demiserit, ibi filum necessariò
figit, ac si cui digitus visco inficeretur; quippe ea vel
ipsius fili recenter emissi, vel cujusdam humoris unà cum
filo exeuntis natura est.
Folliculum ab ano duce leviter sic, ut ex facili subse-
quatur; cave rumpas; ita in miram longitudinem filum
protrahes: protinus verò ac manum dimiseris, illud rursus intùs reducere potens est ipsa mater. Quæ sanè interna velut Glomeratio sive suctio est æquè admirabilis proprietas, atq; illa altera fila ejaculandi; in quo certè hæc
species magnopere delectatur.
Etenim ad medium Octobrem in agro Cantabrigiensi, *Filorum ejace*
cùm Croci flores colligunt, summâ serenitate, ut ibidem *latio.*
illis diebus aliquando accidit, supra fidem est quantam
multitudinem harum præter alia aranearum genera adverti in aëre velificantium. Hæc interim mihi de hâc re
maximè notabilia occurrebant; eos interdum singulari a-
liquo

De Araneis Octonoculis.

liquo filo contentos, interdum plurima simplicia fila, velut totidem micantes radios ad cometæ caudam ejaculatos fuisse: deinde hæc eadem fila proximè ab ejaculatione purpureo quodam splendore mirum in modum micâsse: neq; illud silendum putavi, hos araneos, cùm singularibus filis ejaculandis sese exerceant, ea modò abrumpere; modò in exiguos glomerulos niveos recolligere, prioribus sc. pedibus super capita celeriter circumactis; modò se committere leni auræ, ascensúmq; in aërem pérq; summas nubes moliri. Illud verissimum est, eos, etiam super celsissimam Turrem aliquoties de industria à me contemplatos, longè tamen extra conspectum meum evectos fuisse. Postremò in istis longissimis filis aëreis, jam in funes crassiores, sed inæquales implicatis, idq; à longis in aëre vectionibus, muscas casu an de industria irretitas me non semel notâsse memini.

TITULUS XXVII.

Araneus flavus unicolor, alvo productiori acuminata.

Descriptio. HÆC ingens bestiola est, certè maximus sui generis araneus.

Ei color subflavus, idémq; per omnia membra.

Humeri ampli, in fastigium eminentes; quod lineola subalbida ex pilis sive lanugine griseâ per longitudinem distinguit.

Oculi octoni ita ordinantur; quatuor exigui ori propiores; paulò retrò duo maximi ex intervallo; adhuc paulò ob ore remotius versus humeros alii duo, proximis duobus paulò minores, at ex longiore intervallo distantes.

Pedes ingentes, crassi, productiores; horum ultimi omnium longissimi, tùm primi, dein secundi, tertii brevissimi.

Alvus

De Araneis Octonoculis.

Alvus prælonga, fubteres, à pectore aliquantulùm plenior, deinceps paulatim in acumen definens; unicolor, nulláq; picturâ, aut certè valde obfcurâ, diftincta.

Tota beftiola pilis contegitur brevibus, denfis, mollibus.

Mari extrema cornicula quafi nodis five capitulis qui- *Mas.* bufdam turgent: item ei fuper alvum ex duplici ferie circiter fex haud exiguæ maculæ nigerrimæ; cæterùm ei idem fubflavus color, qui in fœminâ fuprà dictus eft.

Ex his unam, Maio exeunte, cepi, quæ facilè omnes noftros araneos magnitudine excederet. In dumetis & ve- *Locus.* pribus venatur. In auftralibus Angliæ partibus frequens; at multo rarior apud nos circa Eboracum; neq; ufpiam in montofis regionibus illius agri vel femel à me inventus eft.

Junio menfe Folliculum, pectori affixum, fecum geftat; cam Nidificare nondum obfervavi. Folliculi figura fphæ- *Folliculi.* rica; piperis quovis grano duplo major; color fubalbidus; velamentum five tunica, quâ ova, haud parva, includuntur, membranacea eft.

Ex his marem ingentem beftiolam, at nullis maculis, ut fuprà notavimus, diftinctam, foffas quafdam in paludibus juxta *Doncafter* trajicientem vidi: in alterâ verò ripâ eum expectavi; at ipfe mihi propior factus libenter fe intra aquam profundè demifit; juncum amplexus, ut difficulter fanè cum expifcari potui, adeò de junco in juncum per aquæ fundum celeriter tranfiliit.

M · TITU-

TITULUS XXVIII.

Araneus sublividus, alvo undatim pictâ, productiori, acuminatâ.

Descriptio.   HIC inter majores araneos numerandus est.
       Ei color sublividus, qualis in mure domestico.
Oculos, humeros, pedes quod spectat per omnia similes habet, atq; in proximè superiori positum est. Eadem etiam alvi figura; at color diversus, ut suprà in Titulo diximus. Item supra clunes est quædam pictura foliacea, ad margines undatim circumscripta.
     Atq; eadem pilorum ratio.
     Mari eædem notæ atq; fœminæ: illi præterea extrema cornicula turgent, magisq; rufescunt; at eadem clunium pictura.

Locus.   In australibus Angliæ partibus frequens, at multo rarior versus septentrionem.

Nidus.   Circa initium Junii in dumetis & pratis nidificat: huic Nidus linteoformis ex telâ sc. tenuiori, in modum cassidis aut campanulæ: ferè intra hunc se continet mater, sub pectore Folliculum continuò gestans.

Folliculus.   Folliculo color subalbidus; membranaceus; ferè sphæricus; duplo major piperis grano. Cùm exit mater ad venandum, folliculum suum in nido minimè relinquit, sed secum assiduè cum circumfert: at rarò longè à nidi vestibulo progreditur.
     Ex his pulli tempore autumnali, aut luteo, aut subcroceo colore, interdum etiam flammeo ad alvi latera illustrantur: hi verò sub idem tempus inprimis volucres sunt, & ingentium filorum aëreorum authores.

N. B.   In collibus arenosis ad ostium Fluminis *Tees* unam & alteram

De Araneis Octonoculis.

alteram fortaffe fpeciem Luporum à me nondum defcriptorum vidi: nec nunc per otium eos rurfus inveftigare licebit.

CAP. IV.

De Araneis Cancriformibus, minùs propriè Lupi dicendis.

Illorum autem hæ funt notæ characterifticæ. 1. *Habere pedes pofteriores omnium breviffimos, aut certè qui pedes tertios longitudine non multùm excedant.*

TITULUS XXIX.

Araneus fubfufcus, minutiffimis oculis è violâ purpurafcentibus, tardipes, & greffu & figurâ cancro marino non adeò diffimilis.

EST mediæ magnitudinis beftiola.   *Defcriptis.*
    Ei color ferè fubfufcus; nam aliàs ex his rufefcentes obfervavi, & albidos, interdum pallidè luteos aut fubvirides in modum corticis pomi citri; illáq; omnis varietas à cuticulâ fortaffe noviter exutâ orta eft.
   Humeri breves, plani five depreffi.
   Oculi perexigui, ita ordinantur; nimirum in mediâ fronte funt duo, quibus alii duo, paulò retrò verfus humeros pofiti, refpondent: ad frontis latera quatuor tubercula eminent, in quibus fingulis funt finguli ocelli; hi verò omnes diligenter intuenti è flammeâ five quâdam purpurâ micant.

sic concipiendum est; sc. secundos esse longissimos; tùm qui primi sunt, post illos tertii, ultimi omnium brevissimi sunt.

Tela exigua rufescunt.

Alvi figura valdè depressa, latiuscula, proximè à pectore paulò angustior, dein multo plenior; ferè subrotunda, nisi quòd ipse anus in acutum paululùm promineat: alvi superior pars foliaceâ quâdam picturâ velut auro interstinctâ adumbratur; ipse verò ani apex infuscatur.

Locus.

Per hyemem in veteribus avicularum nidis, aut ubi arida folia similiáq; in sepibus congesta sint, frequens latitat: per æstatem verò in dumetis & vepribus prædam insectatur. In septentrione Angliæ rarior est.

Sub initium Junii ex his aliquot, folliculis niveis adhærentes, observavi; ipsi autem folliculi erant angulares, stellæ in modum, valdè depressi, Genistæ spinosæ surculis intertexti & affixi.

Citissimè currit, & è ventre inter currendum filum remittit; item circa autumnum eum fila ejaculantem sæpius notavi.

In reticulis Orbiculatis suprà descriptis hos araneos inter cæteram prædam suspensos aliquoties vidi.

CAP. V.

De Araneis Phalangia dictis in genere.

HUjus autem generis Araneorum nota characteristica una est, assultim ingredi, Pulicum more; quæ sola nota evincere satis est, nostras bestiolas esse de Phalangiorum genere à Plinio aliisq; antiquis scriptoribus commemoratorum; an verò horum sint noxii morsus similiter atq; illorum,

illorum, nondum mihi certò exploratum est. 2. Altera est habere frontem veluti quadratam; 3. Octonos Oculos inæquali magnitudine, & in dimidii velut circuli curvaturâ dispositos; 4. Pedes priores & longiores & validiores cæteris, ad assidui saltûs commoditatem.

A proximè superioribus Lupis in his præter alia differunt. 1. Quòd his frons lata est. 2. Quòd Oculi majusculi in his Ori propiores sunt, minorésq; versus humeros; cùm in illis contrarium positum observent.

CAP. VI.

De Araneis Phalangiis in specie.

TITULUS XXXI.

Araneus cinereus, alvo circiter senis fasciis transversis, in angulos acutos in medio erectis, argenteis & nigris alternatim dispositis insignitâ.

Inter mediocres numerandus est.   *Descriptio.*
Ei color niger argenteo interstinctus.
Humeri plani sive depressi, ferè quadrati; ipsa frons lata.

Octoni oculi nigri, ex dimidio ferè circulo secundùm frontem humerósq; sic ordinantur: duo sc. medii cæteros magnitudine multùm superant;. juxta eos alii duo minutiores sunt; paulò retrò alii duo perexigui ex intervallo longiore; post hos ultimum par oculorum secundis ferè æquales; at ii omnium maximè inter se distant. Neq; id microscopio quidem facilè discernendum est, antequam bestiola

De Araneis Octonoculis.

bestiolæ caput humerósq; ad totalem pilorum consumptionem flammâ ustulaveris.

Pedes breves, hirsuti, maculosi ; quorum priores reliquis paulò & longiores & crassiores sunt, ad commodiorem saltum puta.

Alvus subteres, acuminata ; superiore ejus parte sunt circiter tres lineolæ sive fasciæ argenteæ, latiusculæ, ad angulos obtusos coëuntes : istæ autem fasciæ interstitiis nigris distinguuntur, nisi ubi argentei pili id variant ; quibus etiam brevioribus & mollibus bestiola ex toto contegitur.

Huic quædam Varietas secundùm ætatem aut cuticulam proximè exutam : idq; summopere monere volui ; ne incauti has varietates pro distinctis speciebus aliquando habeant.

Loci. In veteribus ædificiorum nostrorum parietibus ; item in sylvis frequentissimus est ubiq; per Angliam.

In postremis pedibus se erigere solet ; capútq; attollendo, loca, in quæ mox insiliat, undiq; respicit : assultim ingreditur, paucissimísq; passibus interpositis, haud secùs quàm Pulices saliunt.

Lacessitus è ventre fila remittit; atq; adversus hyemis sævitiam sibi involucrum è spissâ telâ linteoformi contexit ; in quâ ad medium Februarium latet inclusus ; subq; id tempus venatum prodit.

Inter cæteras muscas omnigeni culices maximè ei arrident : ejus autem venationis modum elegantissimis verissimísq; verbis enarravit *Cl. Evelinus* noster apud Doctissimum Hookium, Micrographiæ dictæ Observ. 48.

Quòd verò idem *Clar. Hookius* affirmare videtur, huic tantùm senos esse Oculos, aliísq; araneis dari plures octo, alii diligentiùs videant. Equidem fateor me in omninò nullos araneos adhuc incidisse, quibus darentur plures aut pauciores octo, modò qui sint *secundæ Partis* inferiùs describendi, eo numero excipiantur. Illud verissimum

De Araneis Octonoculis.

mum est, quòd in aliis alium positum, atq; ordinem habent oculi ; imò verò & in multis inæquali sunt magnitudine; sed de his reliquísq; oculorum accidentibus aliàs egimus.

Circa Aprilem primæ sectionis aliquos araneolos ex his unum cepisse deprehendi : quo manifestum fit, araneos libenter & cùm sui juris sunt ipsos araneos insectari ; & non tantùm iracundiæ vindictæve causâ, cùm simul custodiantur eodem vitro, ut suprà expositum est.

Hujus aranei corpus chartæ illisum illinitúmq;, supérq; lixivium distillatum, colore subpurpureo eam inficit.

Hujus generis Araneolos, papaveris semina non multùm superantes, circa Augustum mensem observavi.

TITULUS XXXII.

Araneus ex rufo subfuscus, super clunes præter duas maculas albas, foliaceâ quâdam picturâ, obscurè licèt delineatâ insignitus.

HIC autem araneus proximè superiori paulò minor est. *Descriptio.*

Ei color fuscus ad nigredinem accedens ; at si eum, vitro adhibito, in clarâ luce curiosiùs examines, subrufum videbis.

Oculorum idem & numerus & positus, & magnitudo, qui in superiore.

Item eadem capitis & alvi figura, eadem pedum ratio & ingrediendi modus. Supra alvum verò sunt duæ insignes, licèt minores, maculæ albæ; aliáq; vestigia obscura foliaceæ cujusdam picturæ ; siquidem paululùm infra maculas delineantur quædam virgulæ transversæ angustissimæ, ad obliquos angulos coëuntes, velut folii cujusdam nervuli.

De Araneis Octonoculis.

Locus. Ad parietes nostros rariùs occurrit; etsi inter superiores multos ex his unum vel alterum multoties observavi Eboraci.

TITULUS XXXIII.

Araneus subflavus, oculis smaragdinis, item cui secundùm clunes tres virgulæ croceæ.

Descriptio. Mediæ magnitudinis est.
Ei color maximam partem subflavus.
Humeri lati, ferè quadrati, admodum plani; latissima frons.

Ejus octo Oculi, velut totidem smaragdi virescunt, atq; inauratis radiis micant; ex his qui duo in mediâ fronte prægrandes sunt, adeóq; vel nudis oculis facilè discernendi; juxta eos alii duo paulò minutiores; post illos alii duo perexigui; postremò alios magis retrorsum duos invenies, totâ humerorum latitudine disclusos, secundis magnitudine subpares.

Pedes primi (in maribus) crassi, hirsuti, cæteris longiores; tùm vel ultimi vel secundi; tertii omnium brevissimi.

Alvus subteres, acuminata; secundùm clunium longitudinem, tres virgulæ croceæ, conspicuæ admodum.

Venter albidus.

Non aliter quàm Pulex in gressu saltat; & lacessitus è ventre filum emittit.

Mari autem cornicula extrema turgent, & dilatantur; teláq; atro-rubentia abscondunt.

Locus. A Cal. Sextilibus hunc primò observavi ad parietem lateritium Viridarii collegii D. *Johannis* Evangelistæ Cantabrigiæ repentem: postea *Londini* in similibus locis aliquoties

De Araneis Octonoculis.

quoties à me repertus est: at è rarioribus quidem arancis est.

Eum vitro inclusi cum altero è majoribus araneis, cui multi aranei antea prædæ fuissent; at hic noster per plures menses unà vixit, an fortè quòd alterius vim mirâ saltandi agilitate evasit, aut quòd æquè in morsu perniciosus.

TITULUS XXXIV.

Araneus subrufus, Ericetis, sive in rupibus degens.

SUperioribus sui generis magnitudine par est. *Descriptio.*
Ei color subrufus, ad castaneum seu pullum vergens.
Humeri plani ferè quadrati; frons lata.

In mediâ fronte bini majusculi Oculi; prope hos bini alii paulò minutiores; retrò alii duo minutissimi; post hos in mediis humeris alii duo secundis ferè æquales: oculi omnes nigricant.

Pedes breves, ex his quatuor priores (certè in maribus) reliquis multò crassiores sunt.

Alvus acuminata; cui color idem, ac quem videmus in maturo pomi semine; sunt etiam quædam nigricantes venulæ, sive lineamenta foliacea: præterea ad alvi latera candidam quandam picturam, nigro eleganter distinctam, notes velim.

Ipse venter cinereus.

In Ericetis tantùm agri Eboracensis & in nudis rupibus, eâ præcipuè regiunculâ, quam *Craven* vocant, eum inveni. Rarissima sanè bestiola!

PARS II.
De Araneis Binoculis.

CAP. I.

De Araneis binoculis in genere.

IN superiore parte Araneos Octonoculos, quantâ maximâ potui diligentiâ executus sum: hâc verò alterâ parte Araneos Binoculos explicare aggrediar: Atq; horum certè plurimæ, præter jam dictam, notæ characteristicæ sunt. 1. Esse plerosq; longipedes. 2. Habere cutem ferè crustaceam. 3. Fila non mittere, aut ullum opus textorium, quod scio, exercere; quanquam adhuc quidem de eorum hibernis, aut fætûs curandi ratione, nihil exploratum habeam. 4. Binis tantùm Oculis, ut diximus, donari. 5. Caput è mediis quasi humeris eminere. 6. Pectus ab alvo disterminari nullâ certè ad nudum oculum notabili incisurâ. 7. Tela forcipata, velut cancri marini brachia, in binos digitos diduci. 8. Adeóq; etiam vulgò innocuos credi; certè morsum quod spectat. 9. Pedes, longitudinis rationem quod spectat, alternatim esse dispositos. His excrementa figurata esse; cùm superiores omnes Octonoculi illa liquida reddant.

CAP.

CAP. II.

De Araneis binoculis in specie.

TITULUS XXXV.

Araneus cinereus, cristatus.

Descriptio. IS maximus est hujus generis araneus; & inter majores omnium superiorum rectè numerari potest.
Ei color pallidè fuscus aut subcinereus.
Pedes longissimi tenuissimiq;: quorum secundi, ultimiq; cæteris paulò longiores sunt.
Paulò retrò à fronte exiguum Capitulum instar verruculæ eminet; cujus apex duplici velut cristâ, è spinis conflatâ, armatur. Iisdémq; ferè spinulis at minoribus etiam tota frons consperla est.
In capitulo ex utraq; parte singuli Oculi nigricantes. Atq; hæc ferè simplici vitro discernenda sunt.
In medio dorsi Pictura fusca velut rhomboeides.
Venter albidus.
Maribus cornicula prælonga: item Tela geniculata; at forcipata, sicut in fœminis: pedes magis infuscantur: idem capitulum cristatum sive spinulis hirsutum: eidem insuper Penis in medio ventre, de quo vide plura in proximè sequenti Titulo.

Locus. A Calend. Aprilibus in sylvis frequens bestiola; item circa solstitium æstivum in campis apertis; & præcipuè inter segetes numerosi; unde apud nostrates à messe Harvest Spiders appellantur.
Augusto mense plerasq; fœminas gravidas observare licet:

De Araneis Octonoculis. 95

licet: in his autem tùm Ova insunt alba, perfectæ rotun- *Ova.*
ditatis; tamen ubi & quo modo ova sua pariant,curéntq;,
nihil adhuc deprehendi.

Sub idem tempus ex his aliquot gravidas, singulas singulis vitris seorsum inclusi; an fortè hoc modo partûs rationem explorarem. At frustra; quippe omnes mortuæ
sunt sine ovorum partu; an propterea quòd illis necessaria
ad nidificandum defuerunt.

Sub medium Maii hujus generis Araneolos, papaveris
femina non multùm excedentes adverti; his etiam pedes
teneri, tenuésq;, albiduli, velut novissimè editis.

Illud non omittendum duxi, hos araneos coccineis Ci-
micibus, minutissimis animalculis infestari; quippe qui
eorum corporibus adhærent, indéq; victum quæritant.

TITULUS XXXVI.

Araneus rufus, non cristatus.

PRoximè superiori paulò minor est: adeóq; inter me- *Descriptio.*
diocres numerandus est.

Ei color rufus.

It rectà per medium dorsum fascia nigricans, leviter sinuosa, nec multùm ultra mediam alvum horsum, quanquam illorsum ad ipsam frontem porrecta sit.

Item in hâc ipsâ picturâ, paulò retrò à fronte exiguum
Tuberculum nigrum, sive Capitulum attollitur.

Duo nigerrimi oculi majusculi, in diversâ parte capi-
tuli positi discerni possint.

Capitulum in utroq; sexu læve, nullisq; spinulis aut
cristâ armatum.

Pedes omnium araneorum facilè longissimi, siquidem ex
his qui longiores duas uncias minimùm implent; sunt etiam
admodum

De Araneis Binoculis.

admodum tenues; in fœminis verò ad juncturas candidis maculis distinguuntur, cæterùm nigri: iidem à longitudine, alternatim sic ordinantur; nimirùm ex his qui sunt primi, breviores; post eos secundi longissimi; post hos tertii, rursus brevissimi, tùm ultimi ad secundos proximè accedunt.

Tela forcipata, velut cancrorum brachia in binos digitos divulsa.

Item cornicula longiuscula, atq; hæc ferè similia sunt in utroq; sexu.

Venter albescit, nisi ubi in imâ parte ex croco leviter tinctus sit.

Mas fœmina multò minor; ei pedes paulò longiores, ex toto nigri; item fusca fascia in iisdem non ita notabilis, aut nulla aut certè penè obliterata; dorsum in fœminis paulò pallidiùs, in maribus intensè rufescit.

Locus. In septentrione Angliæ, rarò aut nunquam occurrunt; at in australibus Angliæ partibus frequentissimi. Gregatim vivunt in dumetis & urticâ; itáq; in unâ grege circiter viginti tùm mares tùm fœminas sæpiùs numeravi.

Loca concamerata, aut aliàs texta ad pluvias quærunt.

Hujus generis araneorum Cutis minùs mollis, ac quodammodo crustacea videtur; item rasa, aut certè perindè leviter pilosi, ut sunt pleriq; cimices aut scarabæi.

In imo ventre anus conspiciendus est, velut circulari quodam sphinctere connivens; è quo figurata excrementa plerunq; reddit; cùm contra omnes superiores aranei alvum liquidam habent, candidáq; materia excernitur velut ab aviculis.

Illud etiam in his araneis maribus experiri licet; si digito circa medium ventrem sursum premas, inde tibi prementi erumpet Penis; vel aliquid intestini simile, si id in fœminis tentaveris.

Item illud similiter valdè miratus sum, ubi eos coïre
primùm

De Araneis Binoculis.

primùm viderém ; id non ita peragi, utì priùs ex Aristotele didiceram de cæteris araneis; sc. non clunibus aversis, sed os ori adjungendo.

Ad Calend. Sextiles ex his pleraſq; fœminas Ovis tùm candidis sphæricisq; gravescentes ex dissectione inveni.

Item hos Araneos majusculos Culices cepisse non semel vidi, aliásq; muscas diversas ; eásq;, more cæterarum id genus bestiolarum, avidè suxisse.

De Araneo hoc nostro Longipede hæc habet Cl. Hookius noster, Micrographiæ Anglicè scriptæ Observ. 47.

'Hujus, inquit ille, Figuram optimo Microscopio am-
'plificatam damus: illa autem singularia sunt: Unum,
'Microscopio solo discernendum est; ei sc. esse duos tan-
'tùm Oculos, secùs ac in aliis araneis, in exiguo Tuber-
'culo è medio dorso elato, vel potiùs summo capite col-
'locatos ; hi verò ex adverso disponuntur, eorúmq; par-
'tes lucidæ dextrorsum & sinistrorsum spectant ; paululùm
'tamen magis antrorsum quàm retrorsum. Ipsi autem O-
'culi easdem partes cum oculis maximorum animalium bi-
'noculorum habere mihi visi sunt ; iisſiquidem cornea ad-
'modum lævis, multúmq; protuberans; cujus etiam me-
'dio inest pupilla nigerrima, velut corneâ iride cincta.
'An verò Oculos huc vel illuc movere possit, nondum ob-
'servavi. At id minùs credibile est, quòd ei cervix cru-
'stacea, adeóq; rigidiuscula ; hunc verò defectum abun-
'dè supplevit ipsa Natura, & summa corneæ protuberan-
'tia, & quòd suprà omnem corporis umbram, quæ ejus
'prospectum ullo modo obscuret, elati sint; adeóq; sin-
'guli oculi ferè hemisphæriam, licèt minùs distinctam oc-
'cupent ; certè cùm ei sit corpusculum tam exiguum ro-
'tundúmq;, inq; pedes admodum longos positum, celeri-
'ter se movere & circumvertere possit, sic ut ei quam-
'cunq; rem facile sit distinguere.

'Hujus autem, utì cæterorum quorumlibet Araneorum

O   'à

De Araneis Binoculis.

'à me hactenus examinatorum, Oculorum figura, à plerisq;
'Insectis multùm differt : siquidem Araneis Oculi læves &
'non crebris tuberculis velut exasperati, perinde ut sunt
'oculi aliorum insectorum.

'Alterum æquè, at nudo Oculo, notabile ; Crurum
'sc. corporis exigui ratione, insignis longitudo; hujus
'certè Aranei, quem delineavi, singuli pedes totius cor-
'poris longitudinem sexdecies & ampliùs superabant. At
'ex his sunt, quibus iidem longiores, & aliis multo brevi-
'ores sunt. Hujus autem singuli octoni pedes in modum
'Cancri marini articulantur; at huic, ratione animalis, sin-
'guli articuli multo productiores. Singuli verò pedes ani-
'malis pectori medio elatiori inseruntur, & velut exiguâ
'conchâ in modum Musculi terminantur. Alia plura quæ
de mechanicâ pedum ratione addit Author, apud illum
vide.

Illa insuper transcribenda existimavi.

'Hujus bestiolæ mos est, quod aliquoties cum volup-
'tate observavi, in prædam ipsum suum corpus, velut ma-
'nuum loco, injicere ; neq; aliter quàm araneus lupus in
'muscam, aut Catus in murem transilire.

'Totum ejus corpus admodum elegans est ; & si illud
'dissecare potuissem, nihil dubii est, quin intus æquè rara,
'atq; extra invenissem ; fortè maximâ ex parte Cancri ma-
'rini visceribus haud dissimilia; quem quidem hoc ani-
'malculum in plerisq; maximè repræsentat.

'Omitto Cornicula & Os, cancro marino similia ; item
'Testam velut maculosam, quod à lanugine ortum est;
'item pedes lanuginosos; pectus largum, ventrem parvum,
'&c. de quibus consule figuram elegantem.

'Item illud noto, tres corporis præcipuas partes, Caput
'sc. Pectus, & Ventrem in hoc animali esse mirè confusos;
'ut haud facilè quis dicere possit, quid sit hoc vel illud ;
'atq; identidem se habent eædem partes in Cancro marino.

'Adeò

De Araneis Binoculis.

'Adeò hic araneus, non alius videtur, quàm Cancer aë-
'reus, &c. Vide apud Cl. Authorem.

TITULUS XXXVII.

*Araneus exiguus è candido nigróq; varius five macula-
tus, insigniter cristatus, sylvicola.*

IN minimis & sui & alterius generis numerari debet. *Descriptio.*
Ei color ex argenteo nigróq; varius, sive maculatus.
Capitulum exiguum velut è mediis humeris eminet; duplici cristâ spinosâ sive duplici serie pilorum rigidiusculo-
rum exornatum.
In capite ex utraq; parte singuli oculi majusculi.
Pedes longi, tenues, ad articulos maximè hirsuti; ea-
dem iis proportio, quæ in proximè superioribus posita
est; albis maculis crebris distinguuntur.
Alvus à pectore indiscreta, ut de superioribus dictum
est, plena, retusa, crebris maculis argenteis insignita. In
medio dorsi figura rhomboeides, ut in Titul. 35 declara-
vimus.
Venter albescit; rugis transversis inæqualis.
Cornicula albescunt.
A Calend. Martiis hunc araneum satìs frequentem in-
veni in sylvis agri Lincolniensis; item in iisdem locis circa
Eboracum.

CAP.

CAP. III.

De Araneis hujus partis anomalis; quibus sc. pedes breves; item cutis pilosa.

TITULUS XXXVIII.

Araneus exiguus, coccineus, vulgò Anglicè a **Cant** di-*ctus*.

Descriptio.

Minimis Araneis annumerandus est.
Ei color ex toto pulchrè coccinus, aut qualis in flore papaveris erratici; nisi quòd venter è cocco candescit.

Ei pedes breviores, octoni, quorum quatuor priores summo pectori, reliqui quatuor propiùs ventrem inseruntur. Item exigua punctula nigerrima circa priorum pedum radices observare licet.

Os corniculis armatur, quibus etiam sui unguiculi.

Alvus plena suprà rugosa, ab humeris indistincta, ab iisdem latior, deinde paulatim fit acuminatior, retusa.

Pilis mollibus brevibúsq; instar holoserici totus contegitur; inde fortè causa quare oculi adeò difficulter discernendi; ut de iis adhuc nihil certi habeam, quod affirmem.

Locus.

A primo vere in pratis & pascuis præcipuè arenosis est valdè frequens; item mense Julio plurimos ad oram maritimam circa *Scarborough* observavi.

Formidabilis sanè bestiola apud nostros bubulcos; siquidem boüm certa pernicies existimatur, si fortè ab iis in herba devoretur. Vide Cl. D. *Brown*.

COCH-

COCHLEARUM ANGLIAE
ET
TERRESTRIUM
ET
FLUVIATILIUM
LIBER.

Quácunq; ingredimur in aliquam históriam vestigium ponimus. Cic.

LONDINI,
Impensis *J. Martyn*, R. Soc. Typographi.
MDCLXXVIII.

LIBRI
COCHLEARUM ANGLIÆ

PARS I:

De Cochleis in genere:

Ochleis plerisq; Testæ sunt; quæ etiam Nudæ ha- *Testa.*
bentur, quodam tamen Tegumento in humeros
superinjecto & subter illud Ossiculo, propugnaculi loco, donantur.
 Testarum autem alia atq; alia figura est.
 Terrestribus verò Cochleis universis ea turbinata est.
Item inter Fluviatiles multi Turbines sunt: at hîc etiam
quibus illa in binas valvas diducitur; neq; ibidem desunt
univalves Testæ.
 Quibus autem Turbinatis sive in terrâ sive in aquis degentibus Operculum testaceum datur (quæ admodum paucæ sunt) iis illud est quasi altera valva.
 Operculum, si quod sit, ipsius animalis calci adnascitur; ut hoc postremum sit, quod intùs ducatur, testâmq;
claudat.
 Testarum verò turbinatarum plures circumvolutiones
sunt; nullis duabus pauciores; ut neq; in nostris quidem
ullis ampliùs decem numerare licet.
 Testarum turbinatarum circumvolutiones non ex unâ
parte perpetuò procedunt, ferè ex sinistrâ in dextram ad
solis motum; sunt tamen & inter terrestres & inter fluviatiles, quæ contrarium motum observant.
 Circumvolutionum verò frequentiam in Cochleis turbinatis

De Cochleis in genere.

natis ea potest esse ratio; quòd hæ ferè liberæ sunt nec testis suis adfixæ, (secus quàm fit in bivalvis) hinc earum corpus, nè excidat, multiplici gyro intorquetur. Neq; tamen ideo credibile est, quod nonnulli perhibent, eas aliquando è testis suis exire.

Vere excunte Testæ pars superior fit mollis; sc. an aliquâ parte veteris testæ deciduâ, aut tantundem annuatim auda, donec ad justam magnitudinem perveniat.

Ipsæ autem Testæ membranulâ sive pelliculâ admodùm tenui conteguntur; in quâ ferè inest ista colorum varietas, in singulis speciebus adeò notabilis; eadem verò, si lixivio forti demittantur, exeditur.

Bivalvium autem fluviatilium nostrorum utraq; valva æquè cava est.

Præterea in testis bivalvibus insunt quædam vitia, Margaritæ dictæ; ejusdem quidem cum illâ substantiæ, proprietatísq;. Atq; hæc hactenus de Testis.

Planta. Ipsa autem Animalia pedibus carent: at iis est quædam veluti Planta, in ingressu eorum pedum vicem præstans. Terrestribus quidem Cochleis ejus figura longa, & acuminata est; & quæ totum quasi ventrem occupat; ejus calx in acutum producitur. In his plantæ pars media, mollior; extrema circumcirca ad marginem magis ad callum quendam accedere videtur. Fluviatilibus autem turbinatis illa paulò latior & tenuior est: scilicet natationi magis accommodata.

Item ante os in aliquibus Cochleis fluviatilibus sunt ampla quædam Labra, pinnarum aliquomodo munus præstantia.

Univalvi verò ista Planta rotunda est, instar oris cujusdam; scilicet ad commodiorem adhæsionem, quæ quodammodo suctione fit.

Bivalvibus autem eadem duriuscula est, acuta, & in aciem longam producta; ad progressum in limo aut arenâ faciendum.

Cochleis

De Cochleis in genere.   105

Cochleis terrestribus & testaceis & nudis & fluviatilibus *Caput.*
Turbinatis Caput in ingressu conspicuum à reliquo corpore exeritur. Illud verò in Bivalvibus perpetuò, quantum observare licet, occultatur. In nullâ autem Cochleâ æquè distinctè in conspectum venit caput, atq; eâ ex fluviatilibus, quam fasciatam operculo donatam appellavimus ; cui quidem caput figurâ velut bubulinum est.

Cochleis terrestribus & testaceis & nudis Cornicula qua- *Cornicula.*
tuor exeruntur è fronte : his quoq; omnibus extrema cornicula velut quibusdam capitulis turgent. Ex his duo superiora, multo majora & productiora ; anteriora verò, minora & breviora sunt. Item illis extremis singula exigua puncta nigra, his non item : ut verò his iter prætentent, illis videant, credibile est.

Cochleis verò Fluviatilibus turbinatis bina tantùm cornicula sunt, eáq; mucronata, & in aliquibus speciebus in modum pili tenuia ; in aliis, quasi auriculæ, admodum latæ & tenues ; in aliis velut in ramos diducta, pinnarúmq; vicem supplent. At hi oculi quidem non dicendi sunt.

At iisdem insuper Cochleis Fluviatilibus sunt singula *Oculi.*
punctula nigra utrinq; ad radices corniculorum : néq; multum dubii est, quin hi rectè existimentur Ocelli. In eo verò discrimen ; quòd ut his Oculi ad radices corniculorum collocantur, miniméq; è sede protruduntur ; illis iidem per ipsa Cornicula penetrant, more Tuborum Conspicillis accommodatorum.

Os habent dentibus armatum ; hi verò in aliquibus sal- *Dentes.*
tem speciebus, ut Cl. Hookius noster perhibet, ex uno solidóq; osse constant, ad figuram tamen dentium nescio quibus discerniculis in eo impressis confecto.

Cochleis terrestribus circa imas cervices, palliolum suum reflectitur : eáq; veluti pinna sive membranula quædam semicircularis est, retrò Testæ aperturæ superinjecta.

P   Turbi-

De Cochleis in genere.

Anus.
Turbinatis Cochleis utriusq; loci, atq; etiam terrestribus nudis anus ad dextram partem cervicis aperitur: quod olim rectè observavit Aristoteles*, ejúsq; rei rationem pluribus verbis demonstravit. 'Turbinatorum, inquit ille, 'finis ad principium flectitur, &c. Rursus, ' extrema co-' ëunt. Alibi, ' iis excrementum per meatum ori vicinum ' emittitur.

* *De part. Ani-mal. l. 4. c. 9.*

At bivalvibus, ut in sanguineis animalibus, ex adverso Ori ea sita est.

Pulmo.
In illo autem foramine, quod ad dextram partem cervicis esse notavimus, non solùm anus ponitur, nam ex eo excrementa certó exeunt: sed etiam spiritui ingressus patet, pulmoníq; inservit ; nam, nisi illo aperto, progredi aut moveri non solent ; deinde Fluviatilibus istud foramen amplum patet, & cùm per summam aquam natant, illud paululùm extra aquam aëri hauriéndo extollunt ; porrò specillum setámve facilè admittit ; quæ per mediam Plantam permeare videtur ; & in Limace nigro emergit ex ipsius caudæ apice ; quæ si non in omnibus, certè in eo animali naturaliter ibidem aperiri videtur.

Nonnulla autem conjecturalia de partibus Cochlearum internis subnectam.

Ventriculus.
Intestina.
Gulam excipit Ventriculus, satis amplus: à quo continuatur intestinum simplex, longum, atq; aliquot anfractibus revolutum.

Viscus fuscum.
Vena lactea.
Intestinis implicatur viscus quoddam coloris subfusci, innumeris venis lacteis interstinctum, pro magnitudine quidem bestiolæ admodum amplis & capacibus. Hæ autem venæ lacteo quodam humore repletæ perpetuò apparent. Forté ex his nutrimentum suppeditatur in jejunium hybernum ; ut hujusmodi animalibus sint eædem venæ etiam Promptuario, sive chyli asservaculo cuidam.

Præterea, ex excrementorum differentiâ, certum est, intestinorum figuram aliam atq; aliam esse in diversis speciebus ; saltem ex iis cæcum & colon. De

De Cochleis in genere.

De partibus autem Cochlearum genitalibus illud præ- *Penis.*
cipuè miramur, alterum alteri adeò simile esse, ut vix & ne
vix quidem discernere licet, in quo sit sexûs differentia.
Penis autem earum exertus, setæ longæ crispatæ, aut in
modum claviculæ vitis torquetur; altera verò ejus pars
multo plenior est, vaginæq; loco inservit ipsi claviculæ.

Sunt etiam in coïtu aliquibus Cochleis notanda quædam *Spicula testacea.*
veluti spicula testacea, eleganter admodum figurata, ipsis
earum cervicibus penitus infixa; at ab utroq; animali soluta: ubi autem illa ante coïtum in corpore condantur,
aut quo modo causâve sub id tempus ejaculentur, me latet; illud extra dubium est, utrumq; animal ab istis aculeis vulnerari.

Humor autem è vulneratis Cochleis ferè dilutè subcæ- *Humor subcæ-*
ruleus; atq; alius esse videtur à saliva sponte eructatâ. At *ruleus.*
Cochleis non unicolor saliva; nam aliquibus fluviatilibus *Saliva cocci-*
ea coccinea est. *nea.*

Cochlearum verò terrestrium ingressus est quædam ve- *Ingressus.*
luti natatio in proprio humore; illud inprimis testatur,
eas non multùm egredi è latebris umbrosis, nisi diebus pluviis; quo quidem tempore benè madent intùs & extrâ.
Huic accedit ipsius salivæ natura, quæ ferè temporis momento in aëre coagulatur; ut si non continuò illam inter
eundum eructarent, propriâ salivâ implicitæ, loco adfi-
gerentur.

Cochleas autem ex coïtu generari, nihil dubii est; quod *Coïtus.*
ipsi in multis earum speciebus tùm terrestribus tùm fluviatilibus sæpiùs observavimus.

Illis verò Ova sphærica sunt; quibus sc. mollis & mem- *Ova.*
branea testa sive cortex est.

Terrestrium Cochlearum ova ferè racematim inter se
cohærent, imperceptibili quodam glutine. At Fluviatilium
ova quâdam geniturâ limpidâ, instar ranarum spermatis
implicantur. Hâc etiam maturescunt, donec ad formam

P 2   singulæ

singulæ speciei propriam & perfectam pervenerint; ipsâ sc. geniturâ adhuc integrâ & non resolutâ.

Victus. Cochleæ tam Terrestres, quàm Fluviatiles herbis vescuntur; illæ etiam, quovis pipere magis mordacibus, fungis delectantur. Simili victu gaudent Musculi, etiam Patellæ; quæ licèt saxis, velut immobiles, adhæreant, tamen de loco in locum moventur, victûs ratione.

Usus. Cochlearum usus multiplex est: Testarum pulvis ad omnia medicamenta æquè utilis & proficuus est, atq ipsæ margaritæ, aut oculi cancrorum dicti, aut corallia.

Item ipsa animalia in deliciis olim apud Romanos fuerunt: etiam nunc dierum in Gallia & Italia in cibis sunt; eæ certè, quæ Pomatiæ dicuntur, sc. ex nostris terrestribus primæ.

Universis quoq; Europæis ad medicinam adversùs febrem hecticam. C. Cels. eas boni succi & stomacho gratas esse ait. Petr. Arbiter, earum cervices ad venerem provocandam assumptas fuisse memorat.

Item alius usus hodiernus nostrorum hominum, ad ceram sc. dealbandam. An coccineus quarundam humor ad picturam adhiberi possit?

De re rustic.
lib. 3. De Cochlearum autem saginâ, ita Varro. Quæ etiam à
Hist. Nat. lib. 9. Plinio & Macrobio fidem habent.
c. 56.
Saturn. lib. 3. Idoneus sub dio sumendus est locus Cochleariis, quem
c. 13. totum circùm aquâ claudas, nè quas ibi posueris ad partum, non liberos earum, sed ipsas quæras. Aquâ, inquam, claudendæ, ne fugitivarius sit parandus locus. Is melior est, quem & non coquit sol, & tangit ros. Qui si naturalis non est, ut ferè non sunt in aprico loco, neq; habeas in opaco, ubi facias, ut sunt sub rupibus, ac montibus, quorum alluant radices lacus ac fluvii, manu facere oportet rosidum; qui fit, si adduxeris fistulam & in eam papillas imposueris tenues, quæ eructent aquam, ita ut in aliquem lapidem incidat, & latè dissipetur. Parvus his cibus opus

est,

De Cochleis in genere.

est,& is sine administratore. Et hunc,dum serpit,non solum in areâ reperit, sed etiam, si rivus non prohibet, in parietes stantes invenit. Deniq; ipsæ exgruminantes ad propalam vitam diu producunt, cùm ad eam rem pauca laurea folia interjiciant, & aspergant surfures non multos. Itaq; Cocus has vivas an mortuas coquat, plerunq; nescit.

Genera Cochlearum sunt plura, ut minutæ albulæ, quæ afferuntur è Reatino : & maximæ quæ de Illirico apportantur : & mediocres quæ ex Africâ afferuntur. Non quòd in his regionibus quibusdam locis, eæ magnitudinibus non sint dispariles ; nam & valdè amplæ sunt, quædam ex Africa, quæ vocantur Solitanæ, ita ut earum Calices quadrantes octoginta capere possint ; & sic in aliis regionibus eædem inter se collatæ, & minores sunt & majores.

Hæ in sæturâ pariunt innumerabilia ; earum semen minutum, & testâ molli, diuturnitate obdurescit.

Magnis insulis in areis factis, magnum obulum deferunt æris.

Has quoq; saginare solent ita, ut Ollam cum foraminibus incrustent sapâ & farre, ubi pascantur, quæ foramina habeat, ut intrare aër possit. Vivax enim hæc natura. Hæc autem Varro. Jam singulas species exequar.

Cochlearum

Cochlearum Angliæ Tabula.

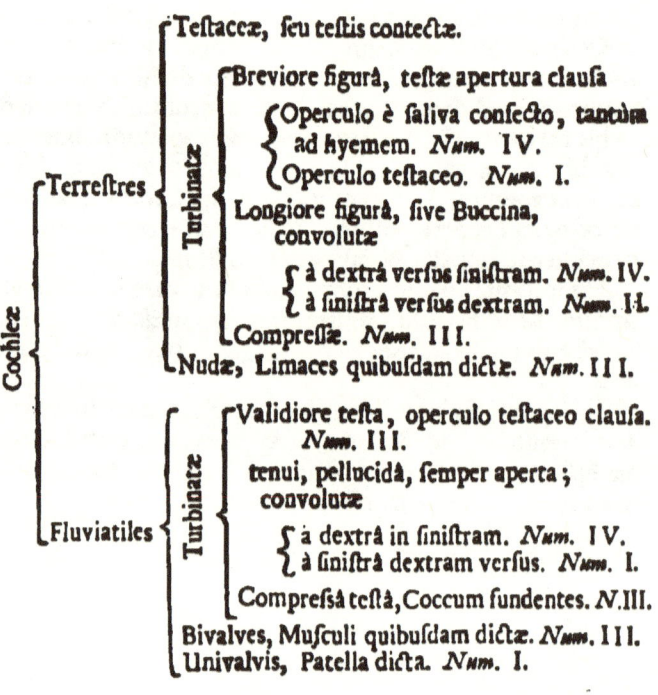

Cochleæ
- **Terrestres**
  - Testaceæ, seu testis contectæ.
    - **Turbinatæ**
      - Breviore figurâ, testæ apertura clausa
        - Operculo è saliva confecto, tantùm ad hyemem. *Num.* IV.
        - Operculo testaceo. *Num.* I.
      - Longiore figurâ, sive Buccina, convolutæ
        - à dextrâ versus sinistram. *Num.* IV.
        - à sinistrâ versus dextram. *Num.* I·L
      - Compressæ. *Num.* III.
    - Nudæ, Limaces quibusdam dictæ. *Num.* III.
- **Fluviatiles**
  - **Turbinatæ**
    - Validiore testa, operculo testaceo clausa. *Num.* III.
    - tenui, pellucidâ, semper aperta; convolutæ
      - à dextrâ in sinistram. *Num.* IV.
      - à sinistrâ dextram versus. *Num.* I.
    - Compressâ testâ, Coccum fundentes. *N.*III.
  - Bivalves, Musculi quibusdam dictæ. *Num.* III.
  - Univalvis, Patella dicta. *Num.* I.

Libri

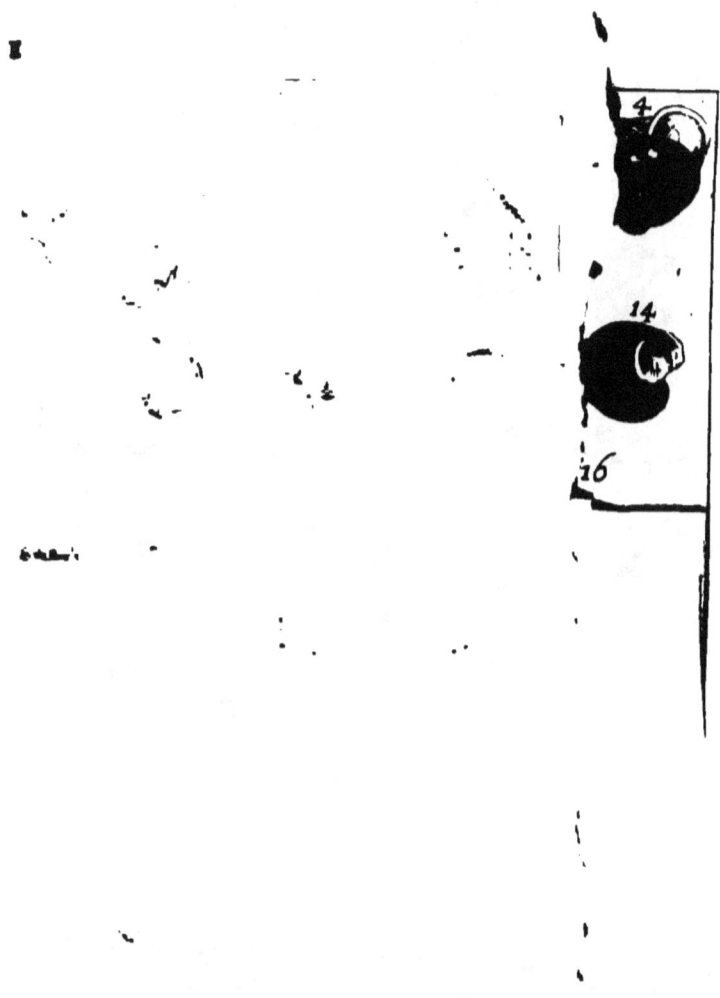

LIBRI
COCHLEARUM ANGLIÆ
PARS II.

De Cochleis Terrestribus.

Terrestrium Cochlearum Notæ characteristicæ sunt.
1. *Habere extrema Cornicula capitulis quibusdam sive nodis insignita.* 2. *Quatuórq; numero.*

SECTIO I.
De Cochleis terrestribus, Testis contectis.

MEMBRUM I.
De Cochleis terrestribus Testis contectis, turbinatis, breviore figurâ.

In his autem notis communibus conveniunt harum Cochlearum testæ. 1. *Intra quinq; anfractus finiri.* 2. *Esse magis compactili & breviore figurâ, ut ipsius testæ apex parùm aut nihil emineat.* 3. *Aperturæ extremas oras esse leviter reflexas.* 4. *Fasciis insigniri.*

CAP. I.
De Cochleis suprà distinctis in Specie.

TITULUS I.
Cochlea cinerea, maxima, edulis, cujus os operculo crasso velut gypseo per hyemem clauditur. Pomatia Gesneri, De Aquatilibus, pp. 644. 255.

HÆC autem omnium nostræ Insulæ Terrestrinm *Descriptio*. longè maxima est; cùm ex his sunt, quæ Gallinacci ovi mediocris magnitudinem ferè impleant.

Ipsa

De Cochleis Terrestribus.

Ipsa testa cinerea, sive subalbida est.

Ei insuper non nimiùm obscura vestigia quarundam Fasciarum latarum, subrusarúmq:, secundùm anfractuum ductus circumvolutarum.

A testæ apertura ad ejus apicem non amplius quinq; anfractus sive orbes numerare licet.

Aperturæ extremæ oræ leviter reflectuntur; item ad imam oræ sinistræ reflexæ partem, ubi reliquæ testæ jungitur, est quidem *sinus* angustus; intra quem tamen specillum demittere licet ad dimidiam unciam; is autem sinus Testæ exterior est, neq; ad ejus cavitatem pertingit.

Testæ aperturam adversus hyemem diligenter obturat ipse animal; ei sc. Operculum album, crassum, fragile, velut gypseum, è propriâ salivâ confectum, ex omni parte firmiter adglutinando.

Cochleæ omnes, inquit Wottonus noster apud Gesnerum, leviore quodam tegmine sibi superimposito hyeme latent; sed Pomatiæ ab hâc re peculiare sibi nomen sortitæ sunt.

Aprili verò ineunte id circa oras resolvitur, atq; integrum protuditur. Illud mihi, ex his unam circa initium Martii mensis in sinu servanti aliquando contigit, quòd teporem sentiens animal intra paucas horas Operculum amoverat crepsitq;.

Est autem ipse animal bene carnosum, nec palato nimiùm ingratum.

Locus.   Agro Hardfordiensi & alibi in Angliâ meridionali abundant, in Septentrionali nusquam mihi saltem occurrit.

In vepribus per hyemem sigillatim conduntur.

In Gallia Narbonensi admodum vulgò eduntur. Item Parisiis tempore quadragesimali magnâ quantitate væneunt.

Coquuntur ex aqua fluviatili, & adjectis oleo, sale & pipere lautum ferculum præparant.

TITU-

TITULUS II.

Cochlea vulgaris major, pulla, maculata & fasciata, hortensis.

HÆC, magnitudinem quod spectat, proximum lo- *Descriptio* cum obtinet; superioris tamen vix dimidium attingit.

Ei color pullus, aut castaneus, fasciis aliquot latis cingitur; maculisq; crebris subflavis, aut subcinereis in modum marmoris interstinguitur.

Aperturæ margines leviter reflexi; idq; iis præcipuè quæ vel ad justam magnitudinem pervenerunt, vel quibus ea Testæ pars satis obduruit.

Est præterea testa è quinq; anfractibus revoluta, formâ rotundâ, brevi & compactili, ejus quippe apex omnium minimè exstat, sed aliis volutis superinjectis penè occultatur.

Ipsi animali sunt quatuor cornicula; ex his duo superiora, quæ longè majora sunt, singula puncta nigra habent; quæ in inferioribus non sunt. Illa à quibusdam Oculi haud malè existimantur.

Ei labra superiora valdè angusta.

In dumetis & sepibus nimiùm frequens; item hortos in- *Locus.* festat.

Per hyemem in arborum annosarum fissuris, aut cavis earum truncis latent, interim testæ os multipili membranâ, tenui, pellucidâ obturatur; atq; una Cochlea alteri racematim adglutinatur. Olera depascunt & omnigenam *Victus.* herbam; neq; ipsa Poma intacta relinquunt.

Ad sinistram partem cervicis, foramen tùm maximè patet, dum repit animal; ex eo verò excrementa ejicit.

Ei excrementa figurata & dura. Si in hyeme incidantur,

tur, ubi ex toto victu abstinent, etiam tùm intestina infima sive colon & rectum excrementis replentur; an famem ideò melius & diutius sustineant?

Coitus. Maio exeunte aut Junio tardius, si fortè tùm pluvia incidat, primùm coëunt: adeóq; Veneri intentæ sunt, ut de loco in locum transferri possunt, Copulâ usq; servata.

Spicula. Illud addam, me, dum in coitu conjungebantur, singula *Spicula* in utriusq; cervice penitùs infixa, non semel observâsse. Ea autem substantiâ testaceâ friabili, & eleganter figuratâ constabant.

Ova. Harum Cochlearum ova diu frustrà quæsivi tàm extra, quàm intra corpus ad coitûs tempus. Tandem ea in horto sub herbam circa mensem Julium copiosè inveni: alba erant, majuscula, leviter inter se cohærentia, cortice membraneo, molliq;.

Appetente Autumno harum pulli nucis è corylo magnitudinem ferè implent; adeò celeriter crescunt. Notandum est, in his juvenibus testa tenera admodum est, & circa aperturam minimè reflexa.

Ex his unam vitro inclusi, eíq; Limacem atrum, infra describendum supposui: postridie autem limacis cutem miserè corrosam, dilaceratam, eúmq; planè confectum animadverti: tantus animus est etiam pigerrimis animalibus. Est aliquid inter Viscera, quod pinguedini maximè assimilatur: in ignem verò impositum, flammam non concipit, nec liquescit, sed induratur.

Saliva. Hæ Cochleæ salivam ab ore copiosè eructant; qui tamen alius humor, & longè diversus esse videtur ab eo, qui emittitur à corporis puncturâ, aut incisione in cute factâ. Etenim hic posterior, subcæruleus, multóq; dilutior est. Ille autem alter sponte eructatus, & crassior, magísq; tenax, item paulo coloratior ad flavedinem accedens, fortè ab herbis præmansis in ventriculo, unde provenit, infectus.

Illa insuper de utriusq; differentia expertus sum.

Utriusq;

De Cochleis Terrestribus.

Utriusq; humoris copiam vitreâ ampullâ primùm miscui. At hi benè conquassati in unam massam instar gelatinæ flavæ coaluêre. Tùm in aliam ampullam subcæruleiꝰ humoris copiam per se seposui, qui tamen diu & multùm similiter conquassatus, neutiquam concresceret.

Alterum experimentum erat hujusmodi. Ex his Cochleis aliquammultas linteo inclusi, tantillum salis iis aliquoties inspergendo, neq; tamen alium humorem, quàm salivam subflavam tenacémq; ejecerunt: è linteo verò exemtos scalpello incidi, quibus vulneribus subcærulei humoris copia emissa est.

Hinc autem liquet, humorem coccineum quarundam Cochlearum Fluviatilium infrà describendarum sponte eructatum, esse de salivæ, non sanguinis naturâ; at de purpurâ aliter perhibuerunt Antiqui.

Subcæruleum humorem ab incisâ cute emissum, cochleáriq; injectum sinas tantisper leniter evaporare super prunas; momento ferè temporis fit Gelatina alba, instar sanguinis seri; cum quo, ut opinor, magnam affinitatem habet.

In his autem animalibus dissectis innumeras venas lacteas circum intestina discurrentes, non aliter quàm in sanguineis animalibus notare licet: hunc verò chylum in corporis habitu dispersum, in cæruleum istum humorem aliquando concoqui verisimillimum est; utpote cùm in alterius generis vasa feratur, & lactei humoris effervescentia paululùm conquiescat.

Præterea idem humor, ipsǽve animalia nonnullis apud artifices usibus non tacendis inserviunt.

Primus is est, quem in cerâ dealbandâ Monspelii ipsi vidimus. Modulos ligneos contusis Cochleis illinunt, ínq; ceram liquefactam eos demittunt; ita Cochlearum sanies ceræ adhæsionem nimiam prohibet, ut leviter concussis modulis, ceræ tenuem membranam accipiant; reliquum ve-

De Cochleis Terrestribus.

rò ejus rei diuturnâ infolatione & aſſiduâ irrigatione perficitur in areis.

Alter uſus eſt in re ſtatuaria in hunc modum; accipe calcis vivæ, q. v. albuminis ovi, humoris cochlearum per puncturam emiſſi, ſingulorum partes æquales; miſce & in marmore conterantur. Præſtantiſſimum .... perhibetur ad lapides fractos inter ſe conglutinandos; ſiquidem in inſtanti ferè & admodum firmiter induratur.

Dentes.
Micrograph.
Obſ. 40.

De Cochlearum dentibus, optimo Microſcopio in auxilium adhibito, ita perhibet Cl. Hookius noſter. E ſuperiore, inquit ille, oris parte Cochleæ cujuſdam Teſtâ contectæ (ſi rectè intelligo) oſſiculum durum recurvúmq; exemi; id mihi viſum eſt figurari in modum dentium, gingivis ordine ſuo diſpoſitorum, inq; plures minores majoréſq; dentes nigros dividi: verùm unum ſolidúmq; oſſiculum erat, quo eam roſæ foliis veſci ipſe obſervavi; atq; ex iis lunatas exiguas partes mordiſſe in modum literæ majuſculæ C. Hujus autem oſſiculi pars ſuperior ejus inferiore & nigriore parte multo albidior eſt & minùs ſinuata, & ad oras paulatim extenuatur in aciem; huic inſuper velut novem dentes ſive partes eminentes, omnes, ipſo oſſiculo medio, inter ſe conjunctæ. Totum illuſtratur admodum eleganti figurâ, quam vide apud Authorem.

TITULUS III.

Cochlea citrina aut leucophæa non rarò unicolor, interdum tamen unica, interdum etiam duabus, aut tribus, aut quatuor, plerumq; verò quinis Faſciis pullis diſtincta.

Deſcriptio.

FA mediocribus annumeranda eſt.
Coloris varietate mirè ludit; ut verò de hac re aliquid certò ſcirem, harum ingentem copiam colligendam curavi.

De Cochleis Terrestribus.

curavi, è quibus, coloris differentias quod attinet, rem ita se habere didici.

1. Testam ex toto citrinam, si aperturæ oras excipias, quæ vel candidæ, vel pullæ; harum verò numerus ingens.
2. Testam ex toto leucophæam, ipsis aperturæ oris pullis; hæ non nimiùm raræ.
3. Testam citrinam unicâ fasciâ pullâ per medium anfractûs circundatâ.
4. Eandem singularem fasciam in testâ leucophæâ.
5. Testam leucophæam duabus latissimis fasciis pullis cinctam, ferè totum anfractum inter se occupantibus.
6. Idem dictum puta de testâ citrinâ. N. B. Hæ posteriores quatuor testæ admodum raræ sunt.
7. Testam leucophæam, cujus anfractus primus quinq; Fasciis pullis cingitur; ex quibus tres superiores duabus inferioribus paulò latiores sunt.
8. Idem Fasciarum & numerus & modus & color in Testâ citrinâ: atq; hæ duæ ultimæ testæ omnium longè frequentes sunt.
9. Quatuor Fascias pullas in testâ citrinâ; è quibus duæ superiores totidem inferioribus latiores sunt. Hæ autem rariores multó.

Ex Testis citrinis aliquot eatenus pellucidas observavimus, ut ipsius animalis Venulæ & motus nobis evidenter apparerent: jucundum sanè spectaculum!

Ipsi animali Testæ inhabitanti color interdum cinereus, interdum fuscior.

Ubiq; per Angliam in sepibus & dumetis frequens bestiola. *Locus.*

Hæ omnium primæ à Brumâ prorepunt.

Mense Maio coëunt; idq; diebus tantùm tepidioribus *Coitus.* & ferè horâ antemeridianâ. Adulti, qui sc. ad justam magnitudinem pervenerunt, soli coëunt.

De horum animalium coitu ita doctissimus mihiq; amicissimus Johannes Rayus in Catalogo Plantarum circa Cantabrigiam nascentium, ante annos sedecem edito, ad Solanum. 'De animalculis hisce monere liceat, quòd eo-
'rum singula de utroq; sexu æquè participant, & sunt an-
'drogyna; vicissim enim agunt & patiuntur, immittunt si-
'mul & recipiunt, ut cuilibet satis constabit, qui Vere
'coëuntes separaverit; etsi nec Aristoteles nec alii, quod
'scimus, rei naturalis scriptores ejus rei meminerint. Hæc ille.

Aliquis fortè opinetur, in colorum varietate sexûs differentiam discerni posse; at diligentia nostra in hâc re frustrà fuit; siquidem inter eas promiscua Venus est; citrinas sc. & inter se & cum leucophæis, & utrasq; cum fasciis insignitis indiscriminatim conjunctas fuisse observavimus.

Si totam cervicem testâ exertam scalpello præcidas, in hâc præter Gulæ initium & genitalia membra & ipsum intestinum rectum habebis. Atq; illud in causâ fuit, cur apud Romanos olim Cochlearum cervices in rebus Venerem magnoperè excitantibus numeratæ sunt; ut ex Petronio Arbitro patet.

Harum Cochlearum cute incisâ humor pallidè cyaneus emittitur; at qui è vini spiritu dicto coagulatur & indurescit.

Tempestate pluviosâ, humore abundanter haustô, madescunt: neq; alio tempore facilè aut libenter prorepunt: rursus siccitate restitant & ferè loco permanent; adeóq; earum ingressus est quædam velut natatio in proprio humore.

Turdis in deliciis sunt; hi quippe Cochleam imam rostro perfringunt, bestiolámq; eximunt.

TITU-

TITULUS IV.

Cochlea maculata, unicâ Fasciâ pullâ, angustioréq; per medium anfractûs insignita.

EA proximè superiori magnitudine par est, aut paulò *Descriptio.* minor. At eâdem planè figurâ, admodum sc. compactili, intráq; quintum anfractum finitur Testa.

Ei color ex flavo pullóq; variatus in modum marmoris, sive maculosus.

Item per medium anfractum circumducitur unica fascia pulla, angustior.

Ex descriptione, & loco, & quòd non coëant cum proximè superioribus, abundè constat has esse speciem distinctam.

In sepibus umbrosis non nimiùm rara : at in juncetis & *Locus.* pratis udis admodum frequens.

CAP. III.
De Cochleis breviore figurâ, quibus Operculum testaceum datur.

TITULUS V.
Cochlea cinerea, interdum leviter rufescens, striata, operculo testaceo cochleato donata.

Cochlea terrestis turbinata & striata Fabii Columnæ, De purpura cap. 9. p. 18. ubi etiam delineatur sub hoc Titulo, Cochlea turbinata.

INter minores numerari debet, utpote quæ vix nuci è co- *Descriptio.* rylo mediocri par.

Ei.

· *De Cochleis Terrestribus.*

Ei color cinereus, interdum leviter rufescens, aut flavicans.

Omnium nostrarum terrestrium longè elegantissima Cochlea est.

Intra quinq; anfractus testa finitur, at superioribus paulò productior est, ut Fab. Col. ideò Turben dictus sit; mihi autem aliter visum est eam disponere, quòd Cochleis breviore figurâ magis quidem accedat.

Testæ apertura ferè circinata; ejúsq; oræ rectæ.

Admodum densè striatur secundùm anfractus; non picturâ quidem, sed striis canaliculatis testæve incisis.

Os obturatur Operculo crasso sic ut non pelluceat, testaceo, cochleato; idq; imo animalis limbo adhæret, dum prorèpit; atq; ita ultimò introducitur, Testæ aperturam exactè claudendo.

Locus.

Ubiq; per Galliam frequens: at rarior apud nos; in agro tamen Cantiano, & Lincolniensi eam aliquoties inveni: etiam Eboracensis ager eâ non caret.

I have found them plentifully in a Woody high cliff upon the River Wharfe near Oglethorp; *also at* Burwell *woods in* Lincolnshire.

De Cochleis Terrestribus.

MEMBRUM II.

De Cochleis terrestribus longiore figurâ, sive de Buccinis.

Hæ sunt Buccinorum terrestrium notæ communes. 1. Testâ longâ sive productiori dari. 2. Tenui admodum. 3. Minimùm quinq; at plerunq; pluribus anfractibus circumvolvi. 4. Anfractuum latera esse planiora, & minùs in modum circuli eminere, ut in cunctis superioribus. 5. Testæ aperturam oblongam, compressam, & angustiorem habere.

CAP. I.

De Buccinis quorum Orbes in sinistram partem convolvuntur.

TITULUS VI.

Buccinum exiguum subflavum, mucrone obtuso, sive cylindraceum.

H ÆC omnium minima Cochlea; vix enim hordei *Descriptio.*
dimidium granum implet.
Ei color subflavus, aut qualis in olivâ viridi conditâ.
Testæ apertura paululùm compressa & angustior.
Senis orbibus finitur: quorum quinq; superiores ferè æquales inter se sunt; sextus verò subitò minuitur in mucronem obtusum; hinc testa cylindracea.
In veteribus Hortorum parietibus, musco obductis co- *Locus.*
piosè reperiuntur vico *Estrope* dicto agri Lincolniensis.

TITULUS VII.

Buccinum exiguum, quinq; anfractuum, mucrone acuto.

Discriptio. ATq; ea quoq; exigua cochlea, proximè superiorem non multùm excedens.
Ei color ad pullum accedens.
Testa pellucida, circiter quinq; anfractibus circumvoluta, orbésq; singuli proportione servatâ minuuntur in mucronem acutum.
Testæ apertura paululùm compressa.

Locus. Ea etiam in musco ibidem, ubi proximè superior, copiosè invenitur.
Similem Cochleam an aliam in Pluvialis cinerei majoris Ventriculo observavi.

TITULUS VIII.

Buccinum rupium, majusculum, circiter senis orbibus circumvolutum.

Discriptio. PAulo major est grano triticeo, pellucida.
Ei color castaneus; circiter senis anfractibus producitur, æqualiter diminutis.

Locus. In rupibus ad Torrentes in regiuncula montosâ *Craven* dictâ, & alibi eam Cochleam copiosè inveni.

CAP.

De Cochleis Terrestribus.

CAP. II.

De Cochleâ anomalâ.

TITULUS IX.

Buccinum parvum sive Trochilus sylvaticus agri Lincolniensis.

VIX piperis grani dimidium implet.   *Descriptio.*
Ei color subflavus, pellucidus.
Ejus basis planior, senis aut septem orbibus in modum Trochili finitur.
In musco ad grandium arborum radices in sylvis Bur- *Locus.* wellensibus agri Lincolniensis non semel eam inveni: est tamen admodum rara bestiola.

CAP. III.

De Buccinis, quorum orbes ex dextrâ in sinistram convolvuntur.

TITULUS X.

Buccinum pullum, opacum, ore compresso, circiter denis spiris fastigiatum.

EA verò est Cochlea exigua; at omnium multo pro- *Descriptio.* ductior, tenuis, ad magnitudinem & modum avenæ grani facta; unciam dimidiam longitudine implet.
Ei color pullus & opacus.

Denis

De Cochleis Terrestribus.

Denis spiris è dextrâ in sinistram convolvitur.

Ejus basis paulo angustior est, velut alter mucro, mediáq; pars leviter intumescit.

Testæ apertura compressa, angusta, & ad imam ejus partem sinuosa: item ejus oræ leviter reflectuntur.

Locus. Hæc in fissuris & cavitatibus annosarum arborum frequentes; item in parietibus circa hortos.

In Literis ad me olim datis ita de hâc Cochlea Cl. Johannes Rayus. ' Rem sanè curiosissimam te nuper observâsse
' narras, nimirum Cochleam, cujus spiræ in diversam partem
' flectant; cùm inter doctos constans opinio sit, à septentri-
' onali Æquatoris parte Cochleas omnes (motum sc. solis
' observando) à sinistra dextram versus torqueri. Nec ego
' unquam inveni, qualem tu describis; sive ergo aliæ sunt
' hujus generis, sive hæc sola exceptio sit, & diligenter ser-
' vari & exactè describi depingíq; meretur. Hæc ille.

TITULUS XL.

Buccinum alterum pellucidum subflavum, intra senas circiter spiras mucronatum.

Descriptio. FA Cochlea proximè superiore paulo brevior est; at intra septem plurimùm spiras finitur; è dextrâ in sinistram procedentes.

Ejus basis multo plenior est quàm in superiore, & inde minuitur ad justam proportionem.

In media primæ spiræ circumducitur velut acies quædam acuta eminénsq;.

Ei color pallidus ad flavedinem accedens, pellucidus; est, tenuis & valde tenera testa.

Locus. In agro Cantabrigiensi has sæpius inveni ad truncos annosarum Fraxinûm.

Martio.

De Cochleis Terrestribus.

Martio exeunte ex his plurimas notavi Venere con- *Coitus.*
junctas; illud autem perpetuum ex duabus ita copulatis,
una alteri multo major erat; non leve sanè argumentum
sexûs discriminis etiam in hisce animalibus.

MEMBRUM III.

De Cochleis Terrestribus figurâ compressâ.

Hæ sunt earum Notæ characteristicæ. 1. Habere in Testæ
centro ex alterâ parte sinum cavum velut Umbilicum.
2. Intra quinq; spiras finiri.

CAP. I.

De Cochleis Terrestribus figurâ compressâ in specie.

TITULUS XII.

Cochlea dilutè rufescens, aut subalbida, sinu ad umbilicum exiguo, circinato.

EST autem mediocris Cochlea; in latitudine verò di- *Descriptio.*
midiam unciam rarò superat.
Ei color pallidè admodum rufescens, aut subalbidus.
Figura compressa; at paulò minùs quàm reliquis duobus
infrà describendis.
Ad umbilicum, ubi aperturæ limbus sinisterior reliquæ
testæ adnectitur, est sinus quidam rotundus, imò circinatus exiguus.
Ipse animal ferè nigricat: in rependo testæ umbonem
sursum gerit.

Locus.

In sylvis & ad sepium aggeres udos & umbrosos circa *Tadcaster*; item in iisdem locis agri montosi *Craven* dicti copiosè reperiuntur.

Hæc etiam Cochlea à Turdis conquæritur, iisq; victui est; ex his enim quamplurimas testas invenire licet, quarum duæ trésve ad apicem spiræ præfractæ sunt; qui mos quidem est huic avi, bestiolam, cujuscunq; speciei sit, è testâ eximendi.

N. B. Est etiam vel varietas vel alia species huic non ita dissimilis in agro Cantiano, paulò major, & minùs coloratus; item cui cavitas ad umbilicum multò minor.

TITULUS XIII.
Cochlea cinerea albidáve, fasciata, Ericetorum.

Descriptio.

Ejus latitudo in majusculis aliquando tres partes unciæ implet; at id raró.

Ei color cinereus aut subalbidus, fasciis pallidè flavescentibus: in fasciarum ordine & magnitudine, & numero mirus naturæ lusus. Ferè delentur assiduis pluviis, in vacuis præcipuè testis, quibus sc. animalia emortua sunt.

Intra quinq; orbes, unus alteri ferè directè superinjectus, terminatur; alterâ parte apex sive mucro parùm aut nihil eminet; alterâ conspicuus & amplus sinus.

Locus.

In Ericetis & planis campis montosis agri Eboracensis, & similibus locis per totam Angliam frequens.

TITULUS XIV.
Cochlea pulla, sylvatica, spiris in aciem depressis.

Ei latitudo, quinta unciæ tres partes aut prope implet. Color fuscus aut pullus.

Oris

De Cochleis Terrestribus.

Oris apertura candida ex parte internâ; inferior aperturæ pars paulo magis producitur, quàm superior.

Intra quinq; spiras terminatur; at ullâ è superioribus multo compressior est; adeò orbium extrema pars deprimitur in limbum acutum.

Sinus autem sive foramen rotundum in orbium medio, non nimiùm grande.

Est elegans & rara Testa; at in sylvis agri Lincolniensis eam multoties inveni; per hyemem subter corticem annosarum arborum; per æstatem in herbâ.

SECTIO II.

De Cochleis terrestribus, Nudis, Limaces quibusdam dictis.

Atq; hactenus de Cochleis terrestribus, Testis contectis egimus; aliud earum genus Nudum proximè descripturi sumus. Ii autem quibusdam antiquis Limaces appellantur.

Harum notæ Characteristicæ sunt. 1. Nuditas. 2. Ubi Testa in superioribus, ibi cucullus aut palliolum sive scutum cuticulare, crassum, & validum.

CAP. I.
De Limacibus in Specie.

TITULUS XV.
Limax cinereus, maximus, striatus & maculatus.

HIC omnium facilè maximus, pendet. Ei color cinereus, aliquando fuscior, & crebris maculis. *Descriptio.*

De Cochleis Terrestribus.

culis nigris, & virgulis fuscis distinguitur; de maculis verò ita curiosiùs observavi, quas sc. in Cucullo habet, esse majusculas & sine ordine hic & illic dispersas: ad alvi verò latera sunt virgulæ fuscæ velut undatim pictæ, si non dum conquiescit animal, certè dum ingreditur ita se habere videntur; at supra ipsam alvum maculæ nigræ in duplici serie disponuntur.

Ipse venter albescit.

Super humeros sive in medio dorso, crasso cucullo, testæ loco, contegitur; in hoc sanè magnum præsidium, adeóq; subter hunc & caput & cervicem & ipsam alvum aliquousq; si molestetur recondit. Item ad majorem sui defensionem ibidem subest Osticulum latum, leviter convexum.

Locus. In sylvis opacis & ad fundamenta parietum uda, & aliis subterraneis uliginosisq; ædium locis frequentes.

Lapillus. Mense Martio Lapillum exemi, atq; alterum Augusto, ejusdem formæ & magnitudinis utrumq;; medio sc. animalis cucullo leviter inciso.

Malè autem dicitur is lapis cerebro calvariæ loco superimponi; capite tamen reducto intra corpus ei propugnaculi vicem præstare possit.

Hujus lapidis sive ossiculi in nudis quibusdam Limacibus inventi meminit Plinius, lib. 30. cap. 15. lib. 29. cap. 6.

Lapillum quem ego (inquit Aldrovandus) propriis manibus exemi è capite nudæ Cochleæ, postquam in multis frustra quæsivissem, albidus erat, fabæ ferè magnitudine, multò tamen humilior, compressúsq; magis, modicè transparens, inæqualis, admodum glaber, parte alterâ planior, alterâ veluti in oculum protuberans, sed dentibus friabilis, ita ut in arenulas atteratur.

De hoc lapillo sic Wormius: Lapis limacis ex iis limacibus petitur, qui sine testis in campis & locis subterraneis vagantur, colore fusco. Hi in capite Lapillum habent candidum,

De Cochleis Terrestribus.

candidum, ovalis figuræ, tenuem, planum, aliquantulum convexum, pondere adeò exili, ut tres quos ego possideo, scrupulum non æquent.

Quibus Wormii verbis addo, tres maximos è nostris non quatuor grana pependisse; item partem earum convexam fuisse testaceam; concavam verò veluti cretaceam.

Quòd eidem usui in Medicinâ adhiberi possint, cui Uniones aut lapides Cancrorum dicti, etiam cum æquè bono effectu, nihil dubii est.

His Limacibus victui est non herba tantùm, sed etiam *Victus.* papyrus è lino contrito adeóq; exsucco confecta.

Horum Limacum coïtus in hunc modum peragitur. In- *Coitus.* eunte Augusto ad meridiem, die admodùm serenâ, ex his duos maximos Venere conjunctos vidi; at nec magnitudine æquales, & cutis variâ picturâ præcipuè inter se differebant; siquidem alter altero paulo major; illi majori ad caudam virgulæ undatæ fuscæ, huic color paulo albidior, crebrisq; maculis fuscis supra cucullum maximè insigniebatur. Ii autem in aëre liberè dependebant, capitibus deorsum inclinatis, de nodo saligno, è veteris cujusdam arboris trunco extante, demissi; corporum verò pondus sustinuit funis crassus, sesquipedalis, è propria saliva confectus, ísq; eorum caudis interplicatis affixus est. His ita dispositis, uterq; ingentem Penem exerebat, è dextra cervicis parte prope cornicula. Hi autem primùm piscium vesiculis similes fuêre; deinde eosdem, non aliter quàm caudas interplicabant. Mirum quantum hi intumuêre, pinnisq; quibusdam elegantissimè striatis exornati sunt. Iis color pallidè cyaneus, at altera eorum extremitas nervosa multo albidior; ísq; membrorum genitalium plexus, velut mediocre pyrum è duplici petiolo dependens mihi visus est. Tandem à me divulsi sunt, atq; omnino nullam differentiam in membris eorum genitalibus discernere licuit; etiamsi, ut suprà positum est, satis erat in formâ externâ, quo distinguerentur. S Eosdem

De Cochleis Terrestribus.

Eosdem limaces alio tempore circa mensem Junium in sylvis opacis observavi ex arborum ramis demissos, singulos singulis funibus bipedalibus, crassis & validis satis; at è propriâ salivâ confectis. Est sanè magna affinitas inter humorem illum è quo Araneorum Erucarúmq; fila fiunt, atq; horum animalium salivam.

Ovâ.

Circa initium Aprilis aliud mihi observare contigit, horum animalium generationem quod spectat. Siquidem prægrandi aliquo lapide in horto in alterum latus inclinato, aliquot centena Ova subter invenimus: ea autem fuerunt sphærica, unius cuncta magnitudinis, ad piperis sc. albi grana accedentia: iis color albidus; at inter hæc multi tantùm vacui cortices fuêre, ipsis sc. animalibus nuper exclusis; at quæ adhuc integra, paululùm flavescebant. Ex his aliquammulta scalpelli mucrone suspensâ admodum manu aperui; è quibus singulis singuli hujus speciei Limaces exiêre, albidi aut pallidè flavescentes, iidem autem protinus proreperunt, etiam corniculis exertis, acsi sponte nascerentur: adeò in ipso exclusionis momento obvenimus.

Illud præcipuè notandum, coitum Augusto mense perfici, Limacésq; ad Aprilem usq; mensem in ovo permansisse.

TITULUS XVI.

Limax cinereus, parvus, immaculatus, pratensis.

Descriptio.

IS parva Cochlea est; minimi digiti articuli primi crassitie; neq; in justâ extensione ultra sesquiunciam longus.

Ei color cinereus, immaculatus; nonnulli tamen in his sunt, qui flavent.

Item huic ad posteriorem partem pallioli subter latet exiguum ossiculum, ovale, pellucidum. In

De Cochleis Terrestribus.

In herbâ pratensi & alibi passim reperitur. *Locus.*
Iis pleræq; herbæ victui sunt; at Fungi, etiam piperatus, *Victus.*
in deliciis sunt.
Post assiduas pluvias circa exitum Junii ex his plurimos *Coitus.*
Venere copulatos ad sepium aggeres vidi; è dextrâ verò
cervicis parte utriusq; per omnia simile, quantum observare
liceret, genitale membrum emissum. Atq; id quoq;
argumento est, has speciem à proximè superioribus esse
distinctam; quòd in singulis speciebus, ex adultis sunt
qui coëunt, & ad justam magnitudinem quàm proximè
pervenerunt.

Ab hoc Limace in manibus recepto, emittitur quidam *Humor lacteus.*
humor lacti similis, velut à piscibus masculis & in ostreis
aliquando observare licet. An semen genitale?

Illud insuper de hâc bestiolâ notavi; quòd sc. occiderat,
aut forte occisum invenerat, scarabæum quendam
majusculum; ejúsq; pectori capite tenus sese intrusisset, ut
ejus viscera depasceretur.

TITULUS XVII.

Limax ater.

*Gesneri de Aquatil. lib. 4. pag. 254. Cochlea nuda tertia
tota nigra Aldrov. de insectis lib. 6. cap. 10.*

IS maximus limax est: pendet. In superiore corporis *Descriptio.*
parte totus aterrimus.

Venter ei albescit, aliquantulum ad cæruleum vergens.

Cervix & cauda rugis profundis & inæqualibus velut
exasperatur: at Palliolum sive scutum lævius.

Ex his nonnullos ex atro rufescentes aliquoties observavi;
at id per accidens fuisse existimo.

De Cochleis Terrestribus.

Locus. In pratis udis, & locis umbrosis, etiam supra celsissimos montes frequens. Mense Februario prorepunt, quo tempore ob diutinam inediam valdè extenuantur.

Victus. Iis promiscuus victus est è qualibet herba; eorum excrementa, cùm virides herbas depascunt, viridia; cùm verò folia marcida & rufescentia, similiter colorata: fungi etiam piperati iis in deliciis sunt.

Ova. Sub initium Maii ad radices Lapathi, paululùm sub terram eorum Ova velut in massam conglomerata invenimus; his autem color pallidè cærulea, singula ad magnitudinem piperis grani, sphærica, cortice molli contecta.

Vasa lactea. In hujus abdomine dissecto ingentem venarum lactearum copiam, circa intestina discurrentium advertere licet; & numero & magnitudine sanè animalis modum multùm excedentium. In eo autem à lacteis in animalibus sanguineis differunt, quòd hæ nostræ lacteo liquore perpetuò turgescunt, aut certè tantum ejus humoris in se contineant, quòd semper discerni possint; illæ verò, nisi certis à pastu horis, prorsus vacuæ sunt, & ex toto deplentur. An ideo nobis conjecturam facere liceat, has chyli etiam conceptaculo & promocondo esse, unde iis sufficiat, quo famem diutiùs perferant?

Palliolum sive scutum in multis centenis hujus speciei animalibus incîdi: at nunquam lapidem, qualem in primo hujus Sectionis descripsimus, inveni: in aliquibus verò velut cretam albam in arenulas friabilem.

Hujusmodi Animalia in sole siccari possint integra; quod, ad eorum præservationem ipse expertus sum.

Horum summa Cutis ob intensam nigredinem maximè notabilis, ut nihil suprá. An adeo aliquomodo illa adhiberi possit in pictura aut aliàs, vide.

LIBRI

LIBRI
COCHLEARUM ANGLIÆ
PARS III.
De Cochleis Fluviatilibus.

SECTIO I.
De Cochleis Fluviatilibus Turbinatis in genere.

Cochlearum Fluviatilium Turbinatarum hæ sunt notæ characteristicæ. 1. Ipsa animalia Corniculis donari aut tenuibus aut ramosis, aut capillaceis; eorum verò universis ea extrema in apicem mucronatum terminari. 2. Bina tantùm Cornicula habere. 3. Testarum aperturas parùm aut nihil reflecti.

MEMBRUM I.
De Cochleis Fluviatilibus turbinatis; quibus validior & crassior Testa; atq; ea Operculo Testaceo clausa.

CAP. I.
De Cochleis, quarum calices suis operculis testaceis claudantur.

TITULUS XVIII.
Cochlea maxima, fusca sive nigricans, fasciata.

EA autem ad vulgarem hortensem terrestrem secundi Tituli magnitudine quàm proximè accedit; imò aliquando superat; etenim ex his vidi, cui erat sesquiuncialis longitudo à summo vertice ad extremam basin. *Descriptio.*

Ei

De Cochleis Fluviatilibus.

Ei color fuscus sive niger; ita ut, ubi viva testis insunt animalia, testarum fasciæ vix notari possint: siquidem duabus aut tribus non nimiùm latis fasciis fuscis circumdatur.

Paulo productior est, quàm terrestres primorum Titulorum.

Ei crassior & validior Testa, quàm ulli è reliquis fluviatilibus Turbinatis Cochleis infrà describendis, unâ Neritâ exceptâ.

Orbes sive anfractus rotundi; numero quinq; quorum unus ab altero minùs occultatur, magis tamen propendent: desinit Testa, etsi compactili admodum figurâ, in mucronem valdè acutum tenuémq;, at brevem.

Orbium apertura ferè circinata; ad cujus sinistram partem, ubi anfractui insedit, est quidam sinus profundus, angustior.

Huic Operculum testaceum, tenuè admodum, pellucidum, rufescens, striis circularibus distinctum; quâ verò animali adnectitur exiguum Tuberculum paululùm eminet, cui ex alterâ parte cavum respondet. Operculum Plantæ parti exteriori, sive ad ejus calcem, ut ita dicam, adnectitur.

Ipsius animalis caput velut bovinum; illud verò & cornicula, plantæq; pars exterior interiórq; admodum eleganter colorantur; flavo sc. crebris minutissimisq; maculis fuscis interstincto.

Huic cornicula crassa, at mucronata.

Lo:li. In Fluvio *Cam*, infra vicum *Chesterton* dictum, agri Cantabrigiensis copiosè inveniuntur; alibi etiam frequentes in Paludibus, qualis est *Pottery Carr* dicta juxta *Dancaster*. Item in Fossis ad fluvium *Darwent* juxta *Bubwith* octavo ab Eboraco milliari magnâ copiâ reperiuntur.

Vescitur foliis potamogeiton, aut aliis herbis fluviatilibus.

Illud

De Cochleis Fluviatilibus.

Illud singulare, ei esse excrementa figurata, exigua ad modum & figuram hyperici seminis, etiamsi sit bestiola æquè magna ac quævis Cochlea terrestris. Plura excrementa simul ejicit, velut oves aut cuniculi.

Has Cochleas viviparas esse, primùm didici à Clar^{mo} viro D^{no} *Plot* nostro. Vide Hist. Naturalem agri Oxoniensis nuperrimè editam.

TITULUS XIX.

Cochlea parva, subflava, intra quinq; spiras finita.

EST parva Cochlea ad magnitudinem fabæ equinæ; ejus longitudo trientalis. Descriptio.

Ei color subflavus, qualis in cornu pellucido, aut olivâ viridi conditâ; at paulo suscior.

Testæ apertura ovalis; operculo pellucido testaceo, cochleatóq; clauditur.

Intra quinq; anfractus finitur; hujus orbes proportionem inter se observant.

Ipsius animalis cornicula numero bina sunt, capillacea, aut certè valdè tenuia.

Copiosè reperitur in multis fluviis; maximè in aquis stagnantibus. Locus.

CAP.

CAP. II.

De Nerita Fluviatili.

TITULUS XX.

Nerita fluviatilis, è cæruleo virescens, maculatus, operculo subrufo lunato & aculeato datus.

Descriptio.   EI longitudo paululùm supra unciæ quartam partem; latitudo ferè intra eandem mensuram.
Testa etiamsi exigua sit, tamen valida est, crassáq;, sanè longè supra modum cæterarum quarumcunq; testarum fluviatilium.
Ferè intra alterum orbem finitur, vix ad tertiam producitur; vertex parùm aut nihil eminet.
Testæ apertura est figurâ lunatâ, sive ad dimidium circulum per centrum dissectum.
Testæ color è cæruleo virescit, maximè si aquâ illam intuearis; item ea maculis fuscis in modum operis cujusdam reticulati pulchrè distinguitur.
Ipse animal albescit, duobus corniculis capillaceis datur, juxta quæ oculi, tanquam exigua punctula nigra planè conspiciuntur.
Hujus exteriori limbo adnectitur velut unguiculus sive operculum lunatum, subrufum, tenue, testaceum: huic adest quidam velut aculeus, in coctis animalibus facilè discernendus.

Locus.   In vadis lapidosis fluvii *Ouse* juxta *Fooforth* & *Clifton* copiosè inveniuntur; item in fluvio *Wharfe*: item in Fluvio *Lune* agri Lancastriensis supra pontem juxta *Kerby-Launsdale*.

MEM-

De Cochleis Fluviatilibus.

MEMBRUM II.

De Cochleis Fluviatilibus admodum tenui testâ datis longioréq; figurâ, sive de Buccinis fluviatilibus; quorum apertura amplissimæ semper patent.

CAP. I.

De Buccinis fluviatilibus, à dextrâ sinistram versus convolutis.

TITULUS XXI.

Buccinum longum 6 Spirarum, omnium & maximum & productius, subflavum, pellucidum, in tenue acumen ex amplissimâ basi mucronatum.

Turbo lævis in stagnis degens Aldrov. De Testaceis lib. 3. pag. 359. n. 3. ubi ejus figura habetur.

EA omnium congenerum & productior & facilè maxi- *Descriptio.* ma Cochlea. Ejus longitudo sesquiuncialis; basin verò, quâ plenior est, linea ferè binuncialis comprehendit.

Ei color subflavus; éstq; testa valdè tenuis & pellucida.

Ingens Testæ apertura, ovalis; adeóq; ipsa prima spira amplissima est; reliquæ verò quinq; admodum tenues, ínq; mucronem acutum producuntur.

Ipse animal Testæ inhabitans binis corniculis latis, tenuibus, mucronatis insignitur: ex his verò nonnullas vidi,

T qui-

De Cochleis Fluviatilibus.

quibus cornicula in exiguos ramos more cervorum diducebantur.

Binos ejus oculos aliquis facilè difcernere poſſit, velut punctula nigra ad corniculorum radices. Sunt etiam juxta oculos ferè conjunctim cum iis, at paulo anteriùs, meatus quidam exigui, an auriculares, aut bronchiales?

Ipſius animalis labrum fuperius amplum eſt, latéq; explicatur, ut ei velut alteræ pinnæ ſint.

Cùm ejus Planta plenè explicatur, & verſus cœlum ſpectat, natat beſtiola: eſt verò replicatâ, totóq; corpore intra teſtam reducto, illicò ſubſidit animal.

Huic Cochleæ excrementa longa, inſtar vermiculorum figurata.

Locus. In Meridionalibus Angliæ partibus admodum frequentes; nec nimiùm raræ circa nos, præcipuè in paludibus. In foſſis *Pottery Carr* dictis plurimas ibidem obſervavi ingenti magnitudine.

Herbas fluviatiles ut Potamogeiton &c. depaſcunt.

Coitus. Medio Septembris in Coitu deprehendi; ex his aliquot in vaſe vitreo capaci ſervavi, quæ tum per aquam nando, membra genitalia alba exerebant è dextrâ cervicis parte.

Ova. Item Vere cœunt, quod ipſi ſæpius vidimus. Maio ineunte in quibuſdam Piſcinis, ubi hæ Cochleæ abundârunt, & paucæ aliæ repertæ ſunt, harum ſemen genitale magnâ copiâ obſervavimus; herbis autem quibuſlibet aquaticis adhærebat, exâtes hujuſmodi: longitudinem unius unciæ aut duarum aliquando, craſſitudinem pennæ anſerinæ majuſculæ implebat; teres admodum; utrâq; extremitate paulò tenuius & obtuſum; inſtar cryſtalli pellucidum; tactu ſatis firmum; ſi illud luci oculíſq; interponas, innumeræ exiguæ Cicatriculæ figurâ ovali tibi ſient manifeſtæ, ordinatim diſpoſitæ; quibus omnibus juxta cicatriculæ limbum, ſingula ſua puncta flavicantia.

Hæ

De Cochleis Fluviatilibus.

Hæ Cochleæ acu aut scalpello incisæ, aquam tingentem humorem nullum emittunt.

TITULUS XXII.

Buccinum minùs fuscum, sex spirarum, ore angustiore.

PRoximè superiori in plerisq; notis valdè similis est te- *Descriptio.*
sta : at multo minor ; item si magnitudine æquales ex illis una, ex his altera, inter se conferantur, hujus os sive Testæ apertura dimidio angustior est quàm illius.

Ei color fuscus & minimè pellucidus, si id in vivis animalibus & ubi testæ recentes & integræ sunt, advertatur.

Item hujus testa multo validior, nec adeò tenuis. In cæteris probè conveniunt.

Hæc admodum frequens in stagnis circa Eboracum, ut *Locus.* in eo quod appellatur *Hodman-Hoe-Pitt* juxta *Acome.*

Ipsum animal ab incisione nullum emittit liquorem coloratum.

TITULUS XXIII.

Buccinum pellucidum, subflavum, quatuor spirarum, mucrone acutissimo, testæ apertura omnium maxima.

EST tenerrima & tenuis admodum testa, subflava, *Descriptio.* pellucida.

Rictus sive testæ apertura ingens, omniúmq; facilè maxima, siquidem ei longitudo ferè uncialis, latitudo verò paululùm supra dimidiam unciam.

At totius testæ longitudo vix uncialis supra quadrantem: adeò ex quatuor spiris quibus constat, tres imæ exiguæ
T 2 sunt,

De Cochleis Fluviatilibus.

sunt, unius superioris respectu: ipsa tamen infima admodum acuta & tenuis licèt exigua sit.

In maximis ex his testis, quales jam designavimus, ad exteriorem partem aperturæ sunt quædam rugæ sive plicæ radiatæ; at in mediocribus nullæ.

Ipse animal flavescit; duobus latissimis corniculis, tenuibus, mucronatis insignitur; quæ in his pinnarum locum & effectum præstare videntur.

Utrinq; ad corniculorum radices juxta caput sunt singuli Ocelli, velut nigra punctula calami scriptorii mucrone depicta.

Locus. In Fluviis & aquis stagnantibus ubiq; per Angliam frequens; in his verò maximæ inveniuntur.

Ejus humor, puncturâ emissus, aquam minimè colorat.

Ova. Ineunte Aprili ingentem vim seminis cujusdam genitalis cuilibet herbæ fluviatili adhærentis observavi. Id autem distinguebatur innumeris exiguis granulis subfuscis more spermatis ranarum dicti. Illam verò hujus Cochleæ sæturam esse hac ratione didici. Ex his aliquot diu apud me in aquâ servavi, donec plurimæ exinde nascerentur hæ ipsæ Cochleæ.

Medio Maio harum sperma diligenter observavi; erat autem crassum, paulo longius supra unciam dimidiam; instar crystalli pellucidum. In cujus medio (adhuc enim non resolvebatur) inerant plurimæ exiguæ Cochleæ ad magnitudinem seminum papaveris; ipsâ tamen testæ figurâ maximè notabiles & facilè cognoscibiles.

TITULUS XXIV.
Buccinum subflavum, pellucidum, trium spirarum.

Descriptio. SUpra modum tenuis & tenera est hæc Cochlea; adeóq; admodum pellucida & lævis est, de vacuâ testâ loquor.
Ei

De Cochleis Fluviatilibus.

Ei color subflavus, aut albidus.
Longitudine multùm superat unciam dimidiam.
Ei ingens testæ apertura, ovalis, qualis in plerisq; hujus capitis.
Intra tres spiras finitur; quarum duæ inferiores ad mucronem admodum exiguæ; ipse mucro obtusior.
Ipsius animalis cornicula bina aurium instar aut pinnarum, tenuia, lata, mucronata.
In Fluviis optimæ & saluberrimæ aquæ admodum frequentes; &.alibi etiam in aquis stagnantibus non raræ: *Locus.*
Est autem animal Amphibium; siquidem æstate fluvios libenter deserit; herbam depascit, salicúmq; summa vimina scandit.
Hæc Cochlea, aversam sive pronam Faciem quod spectat, optimè depingitur apud doctissimum Tulpium*, de quâ etiam rem mirandam refert; sc. ' quandam   *Observ. Medic. lib. 3. cap. 7.*
' vetulam annum octuagesimum nonum agentem, ubi inte-
' grum triennium tulisset animosè in vesica urinaria Calcu-
' lum ponderantem tres uncias cum duabus drachmis, eni-
' xam fuisse tandem felicissimè lapideum hunc fætum, cum
' duobus N. B. Cochyliis, foris itidem lapideâ crustâ ob-
' ductis.
Profectò, quantùm judicare licet de picturâ, ea Cochylia ab eo dicta ex his nostris Cochleis planè fuerunt.

CAP.

CAP. II.

De Buccino fluviatili, cujus spira à sinistrâ in dextram convolvuntur.

TITULUS XXV.

Buccinum exiguum, trium spirarum à sinistrâ in dextram convolutarum.

EST Cochlea vix trientalis; nec magnitudine vulgari pifo par.

Ingens apertura, ovalis more cæterorum fui generis.

Anfractus tantùm tres; quorum duo infimi exigui admodùm, fi unum fuperiorem refpicias. A finiftrâ verfus dextram convolvuntur.

Eft tefta tenerrima, tenuis admodum, pellucida, lævis.

Ipfius animalis cornicula capillacea.

Hæ Cochleæ copiosè inveniuntur in quodam rivulo ad meridiem vici *Heyworth* dicti juxta Eboracum; & alibi in aquis ftagnantibus frequentes.

De Cochleis Fluviatilibus.

MEMBRUM III.

De Cochleis fluviatilibus, turbinatis, figurâ depreſſâ.

Harum Cochlearum notæ characteristicæ sunt. 1. *Habere cornicula rubra capillacea.* 2. *Ipſa animalia colore pullo eſſe.* 3. *Coccum fundere.*

CAP. I.

De Cochleis ſuprà diſtinctis in ſpecie.

TITULUS XXVI.

Cochlea pulla, ex utraq; parte circa umbilicum cava.

Hujus latitudo ferè uncialis; craſſities quadrantalis. *Deſcriptio.*
Ei color pullus.
Anfractus circiter quatuor, pleni, quorum unus alteri rectè ſuperinjicitur.
Aperturæ margo ad inferiorem partem paululùm extenditur velut labrum.
Eſt etiam utrinq; cavum ad centrum ſive umbilicum anfractuum; quod tamen minus eſt in parte ſuperiore, quàm in inferiore.
Ex his minores videntur canaliculati; at id admodùm leviter denſis & minutiſſimis ſtriis; in ſiccâ verò teſtâ eæ vix apparent.
Ipſe animal in aquam injectum ſeipſum exerit oſtenditq; ; ex nigro ruſeſcit; duobus corniculis rubris & capillaceis inſignitur.

Ex

De Cochleis Fluviatilibus.

Locus.

Ex his Cochleis magna copia habetur in Fluvio *Cam* & in rivulo *Fosse* dicto juxta Eboracum : & alibi per Angliam frequentes admodum; maximè in paludibus & aquis stagnantibus.

Humorem coccineum expuit Cochlea, si Testæ aperturæ injiciatur vel salis mica, cujuscunq; generis, aut piperis gingiberisve paululum. An verò iste humor ex corporis habitu proveniat, ut sanguis ab incisione, dubitatur; tamen à corniculo juxta caput præciso is mihi visus est emitti, item levi corporis puncturâ profluere; at id genus experimentum difficulter tentatur, ut certò statuamus, an ex ipso vulnere erumpat nec ne. Verisimilius est, eam vel salivam esse circa fauces & ventriculum, aut peculiarem humorem proprio vase contentum.

Eundem humorem coccineum toto anno, Aprili certè & Septembri lacessita exhibet.

Iste humor sic expeditè haberi potest in magnâ quantitate : harum Cochlearum copiam in linteum sacculum conjice; deinde iis insperge salis paululum; illicò copiosè distillabit humor coccineus.

Humori autem sic emisso si aluminis pollinem inspergas, protinus subsidit pars ejus colorata, reliquúsq; humor instar aquæ limpidus fit. Si ad eundem modum cum sale & alumine experimentum facias de humore subcæruleo ab incisione emisso in terrestribus nonnullis Cochleis, nihil colorati dejicies, at totus in quoddam gluten subcæruleum indurabitur.

Insuper pars ejus colorata chartâ bibulâ separari potest; at perit quidem coloris venustas & in pullum sordidum utatur.

Sin autem aceto misceatur, aut vini spiritu dicto, aut salis deliquio è plantis ustis purgati, aut salis communis diluto, non aliter quoq; quàm cum alumine perit ejus humoris coccinea elegantia.

Per

De Cochleis Fluviatilibus.

Per se quoq; emissus, difficulter admodum servatur ; illud certè frustra experti sumus in angusti oris ampullis bene clausis, etiam oleo superinjecto, melléve circumfuso.

TITULUS XXVII.

Cochlea fusca, alterâ parte planior, & limbo insignita, quatuor spirarum.

Ejus latitudo paulo supra dimidiam unciam; crassitudo verò unciæ octavam partem vix implet. *Descriptio.*
Ei color fuscus.
Intra quatuor spiras terminantur orbes ; quorum unus alteri directè superinjicitur.
E medio orbe limbus notabilis extat, quâ sc. parte planior videtur ; at est leviter cava ad umbilicum utrinq;
Ipse animal nigricat ; binéq; cornicula rubra exerit capillacea.
Eundem coccineum humorem cum superiore effundit.
Ubiq; admodum frequens & in Fluviis & in aquis stagnantibus. *Locus.*
Has in coitu observavimus circa medium Maium. *Coitus.*

TITULUS XXVIII.

Cochlea exigua subfusca, alterâ parte planior, sine limbo, quinq; spirarum.

Hujus latitudo vix unciæ tertiam partem, at crassitudo vix decimam sextam unciæ partem implet; ut *Descriptio.* dimidio tenuior sit quàm ulla è proximè superioribus ejusdem latitudinis.

V   Ei

De Cochleis Fluviatilibus.

Ei color subfuscus aut nigricans.

Huic deest limbus; at parte alterâ sc. superiore planior est, & ubi limbus in proximè superiore, ibi velut acies.

Deniq; quod maximè notabile est, huic spiras quinq; numerare licet.

Locus. Circa Eboracum in aquis stagnantibus aliquoties eam inveni; in Fossis verò Paludis *Pottery Carr* dictæ satis frequentes; in fossis ad Fluvium *Darwent* juxta *Bubwith-Ferry* magnâ copiâ habentur.

SECTIO II.

De Cochleis bivalvibus, sive de Musculis aquæ dulcis.

In hoc conveniunt, utramq; valvam æquè cavam esse.

CAP. I.

De Musculis Aquæ dulcis.

TITULUS XXIX.

Musculus latus, testâ admodum tenui, ex fusco viridescens, interdum rufescens.

Chamæ-glycymeridi similis, sed majoris mytuli species. Aldrov. de Testaceis lib. 3. pag. 472. *ubi etiam figuram videbis.*

An Chama-glycymeris Margaritifera Velschi. Ephemerid. German. Anni 3. Observat. 36.

Descriptio. FI latitudo ad duas uncias; longitudo ad tres uncias, & dimidium: at hic omnium maximus fuit, quem ego unquam inveni in nostris fluviis; nam pleriq; paulo minores sunt.

Ex.

De Cochleis Fluviatilibus. 147

Ex his verò ipsis Musculis plurimos invenimus in fossis Paludis *Pottery Carr* dictæ juxta *Doncaster*, quibus longitudo ferè quinq;-uncialis, latitudo paululum supra duas uncias & dimidium. Horum tamen testa & tenuis & lævis; siquidem ambæ valvæ ab omni carne purgatæ alicujus Testæ mensuræ suprà positæ pendebant tantùm scrupulum unum supra quinq; drachmas. Item in rivulis paludosis juxta *Sawterforth* agri Cravenensis, ut mihi relatum est à fide dignis authoribus, similes ingentes musculi reperiuntur.

Testa quodammodo pellucida est; cui color ex fusco rufescens, interdum (idq; perpetuò in maximis & minimis) leviter virescit.

Valvarum internus color ex argenteo cæruleus, mirè resplendens.

Umbones, ubi valvæ conjunguntur, parùm aut nihil eminent, sed æqualiter rotundi sunt: neq; ulla inæqualitas in valvarum cardinibus discernenda est; atq; intùs etiam ad cavitates umbonum summa æqualitas.

Ipsius piscis caro subrufa.

Hos musculos copiosè invenimus in Fluviis *Air*, & *Ri-* Locus. *ble* dictis agri Cravenensis; item in Fluvio *Ture* juxta *Rippan*; & alibi locis suprà nominatis.

In limo arenoso ita sese collocant. Valvarum cardines sursum spectant, earúmq; oræ tenuiores intra limum profundè demittuntur, & ferè ex toto conduntur, exceptâ alteræ extremitatis obtusioris exiguâ parte; at in eâ caput animalis, adeóq; ea, valvis sc. modicè diductis, ferè semper quasi rimulam facit, quâ notâ eos expiscari expeditum est.

Hi musculi Cornici victui sunt, qui ut piscem eximat, rostro valvas confringit; ideóq; hæ aves aquas frequentant; & à reliquis id genus avibus propterea ab aquâ Cognomen Anglicè accipiunt.

V 2 In

In vetuſtioribus plerisq; valvarum interna pars alicubi aſpera & inæqualis eſt, velut verruculis diſtincta ad magnitudinem papaveris ſeminum. Harum autem nonnullæ vel leviter tactæ decidunt ; at pleræq; valvis nimiùm firmiter adhærent. Hæc ſanè valvarum vitia, an verò illæ margaritæ habendæ, alii judicent.

* Lib. 9. cap. 35.   Illud à Plinio * proditum eſt, Uniones reperiri ſolere rufos & parvos in Conchis quas Myas appellant ; recentiorésq; multi idem confirmant. Ita Velſcius, loco ſuprà citato, de quibuſdam Muſculis lacuſtribus, quos ex figurâ depictâ noſtros eſſe conjicio.

In lacu, inquit ille, non longè à Viennâ Auſtriæ Muſculi pictorii ſunt, è quibus diſſectis Margaritas non paucas ipſi exemimus ; quarum pars Valvarum interiori ſuperficiei ob id aſperæ, fixa eſt, pars ſponte exciderat & in carne latebat ; coloris tamen non albi, ſed ſubflavi & ſubobſcuri, quem ſplendor quidam argenteus illuſtrabat.

E noſtris etiam ſcriptoribus olim ſic quidam Anonymus:
* See the additional notes of D. B. to Sir *Hugh Platts* Jewel-houſe.   * Hi aliis muſculis Fluviatilibus paulò minores ſunt, & magis nigricant. (An intelligendum eſt de proximè ſequentibus.) Ex iis in agro *Buckengamienſi* aliquot vidi ; at in Fluvio *Clun* dicto agri Salopienſis præcipuè abundant. Ex iis a. ipſe Margaritas exemi ; illúdq; perpetuum eſſe didici, ſc. eos tantùm Muſculos Margaritas in ſe continere, qui extrà inæquales & aſperi velut nodis interſtincti ; læves rurſus illis omnino vacuos fuiſſe.

TITULUS XXX.

Musculus angustior, ex flavo viridescens, validus, Umbonibus acutis, valvarum cardinibus velut pinnis donatis, sinuosis.

HUIC longitudo circiter uncias tres & dimidium, *Descriptio.*
latitudo ad unciam unam & dimidium; hujus mensuræ duæ Valvæ drachmas septem & triginta quinq; grana.

Valvæ crassæ, validæ, & ponderosæ.

Color ex flavo viridescens, interdum ex summa viriditate infuscatur.

Ejus altera extremitas multùm ab umbonibus producitur. Umbo uterq; ad cardines acuti, & paululùm eminent. Ipsi Cardines sinuosi, & velut pinnis donati. Etiam cavitas interna ad cardines sinuosa & inæqualis.

Valvis internis color in mediocribus ex argenteo cæruleus, in vetustioribus & maximis ex argenteo rubescens.

Ipsius animalis caro paulò albidior est quàm in superiore.

Hi in Fluvio *Ouse* & *Fosse* juxta Eboracum copiosè in- *Locus.* veniuntur; item in Fluvio *Nid* ad pontem *skip-brig* dictum.

In his, sicut in proximè descriptis, duo sunt crassa & valida ligamenta nervosa, unâ atq; alterâ concharum extremitate disposita, per quæ animal valvis suis adhæret, quibúsq; mediantibus eas aperit clauditq;.

Horum autem ipsorum ligamentorum Capitibus, quâ *Margarita.* sc. valvis adhærent, circiter 16 margaritas in uno musculo inveni, à magnitudine papaveris ad piperis grana: ex minutis verò aliquot fuêre admodum rotundæ, cæteræ autem majusculæ asperæ & inæquales. Hæc sanè senescentium

tium Musculorum vitia sunt: nam in mediocribus multis dissectis non unam quidem inveni: adde quòd in imis ligamentis hæ Margaritæ velut thecis dispositæ fuerunt; non aliter quàm Calculi in renibus, aut aliàs in animalium sanguineorum carne nati. In reliquo autem pisce nihil. Illud tibi manifestiùs patebit, si parùm coquantur musculi & non crudi dissecantur.

Horum Musculorum aliarúmve Cochlearum testæ si in acri lixivio coquantur, earum exteriores & decolores membranæ separari possint: primò sc. mollis & colorata membranula abstergitur, deinde alius ex media materia velut cretacea cortex abradendus est, sub quo Margaritarum splendor totam utrinq; testam occupat. Concharum sic purgatarum pulvis in usu medico margaritarum usum optimè, ut opinor, supplere possit; sanè accommodatissimus est ad medicamenta quævis, in quibus requiruntur vel ipsæ margaritæ, vel Oculi cancrorum dicti, vel corallium.

TITULUS XXXI.

Musculus exiguus, pisi magnitudine, rotundus, subflavus, ipsis valvarum oris albidis.

EJUS magnitudo ad modum pisi vulgaris, aliquando æquat nucem mediocrem è corylo.

Testa utraq; intùs foràs lævis, tenuis, pellucida.

Ei color subflavus sive corneus, exceptis ejus extremis oris, quæ albescunt.

Ejus figura subrotunda est; nam singulæ valvæ admodum cavæ sunt, & in dorsum multùm elatæ, & æqualiter ab utraq; cardinum parte extenduntur, qui ferè in mediis valvis sunt; ut ad rotundam figuram proximè accedat.

In

De Cochleis Fluviatilibus.

In aquis stagnantibus circa Eboracum copiosè inveni- *Locus.*
untur: in fossis autem paludis sæpiùs nominatæ juxta *Doncaster* duplo majores sunt quàm alibi.

SECTIO III.

De Cochleâ fluviatili Univalvi, sive de Patellâ.

TITULUS XXXII.

Patella fluviatilis, fusca, vertice mucronato, inflexóq;.

Hujus basi latitudo paululùm supra tertiam unciæ par- *Descriptio.*
tem (de majusculis, quas unquam inveni, loquor;
nam pleræq; dimidio minores sunt) à vertice verò ad basim vix quartam unciæ partem implet.

Ejus vertex mucronatus; at qui veluti in hamum inflectitur.

Ei vivæ, & saxis adhærenti color fuscus.

Testa autem vacua, tenuis & fragilis & pellucida est.

Ipsius animalis Planta, quæ pedum vicem supplet, nam de loco in locum, victûs ratione, se movere solet, rotunda est, adhæsioníq; aptior.

Ex his majusculas in Fluvio *Air* multis in locis inveni; *Locus.*
multo minores sunt qui in vadis lapidosis Fluvii *Ouse* & *Wharfe* reperiuntur.

Exeunte Septembri ejus sperma saxis adhærens copiosè observavi: erat autem in minutis globulis gelatinæ instar dispersum: jam verò in singulis globulis plures exiguas patellas vel ipsâ figurâ discernere & cognoscere potui. In Coitu verò altera alterius verticem scandit, insedítq; pluresq; sic copulatas tunc temporis notavi.

COCH-

COCHLEARUM MARINARUM
ANGLIÆ
LIBER.

PRoximè superiore Tractatu Cochleas tùm terrestres tùm fluviatiles diligenter exposui; jam verò ad Cochleas marinas nostræ Insulæ venio: atq; illa novi operis ratio fuit, sc. materiæ proxima cognatio. Deinde cùm opus alterum de Lapidibus, in Cochlearum modum figuratis, jam olim meditatus fueram, idq; penè ad umbilicum perduxeram, hoc eo curiosiùs explicuisse volui, quo inter alia ea mihi indè nasci visa est utilitas, ut, rebus utriusq; generis inter se collatis, certum aliquid judicent viri, rerum naturalium studiosi, an istæ Figuræ è testis marinis verè oriantur, quod pleriq; volunt; aut sui generis lapides perpetuò extiterint, & cum ipsis montibus nati.

Ut autem harum Cochlearum marinarum copia nobis daretur, ipsi litus Orientale, quod Danemarchiam spectat, & Occidentale, quod adversus Hyberniam positum est, pluribus in locis visitavimus: aliásq; nonnullas ab aliis Angliæ partibus per amicos fide dignos investigavimus. Adeò illud verissimum est, quod præcipuè nobis proposuimus, omnes has species à me descriptas in nostro mari inventas esse. Quot verò desint, alii, quibus & loci opportunitas & otium est, diligenter inquirant: & nobiscum, si ita videbitur, pergratum enim facient, eas communicent.

Hæc a. omnia cum Rondeletii, Gesneri, Aldrovandi descriptionibus sedulò contulimus. At, ne mireris, tam pauca

De Cochleis Fluviatilibus.

ea ex noſtris iis fuiſſe cognita, ſcire licet, illos aut alterius Orbis rariora Conchylia, aut ſola mediterranea edidiſſe; nonnulla tamen, ab iis deſcripta invenio, quæ nobis forte cum mediterranei maris Conchis communia ſunt.

Sed hæc quidem mediocria ſunt; ex iis tamen multa ad vitæ uſum hodiernum; alia olim ad luxuriem & pompam; omnia ſanè ad Hiſtoriæ rerum naturalium conſummationem, adeóq; ad Philoſophiæ profectum conferunt.

X COCH-

Cochlearum Marinarum Angliæ Tabula.

Cochleæ Marinæ
- Turbinatæ
  - Intortæ sive anfractuosæ,
    - Testæ aperturâ sinuatâ sive canaliculatâ, *Buccina rostrata* dicta.
      - læves, *n.* j.
      - striatæ, *n.* v.
    - planâ aperturâ,
      - figurâ productiore, *n.* ij.
      - breviore,
        - Cochleæ-formes, *n.* ij.
        - Umbone minimè omnium extante, *Neritæ* dictæ, *n.* iij.
        - Basi latâ & planâ, figurâ conoeide, *Trochi* dictæ, *n.* ij.
    - Aperturâ omnium patentissimâ, perforatâ, *Auris marina*, n. j.
    - Aperturâ in angustam rimam formatâ, *Concha Veneris* quibusdam, *n.*j.
  - Orbes non habentes,
    - Echinus dictus, *n.* j.
- Bivalves
  - Ex omni parte arctè clusiles,
    - non striatæ,
      - Conchæ à me dictæ, *n.* vij.
      - Asperæ, valvis dissimilibus, *Ostrea* dictæ, *n.* ij.
      - Setiferæ, *Musculi* dictæ, *n.* j.
    - striatæ,
      - Auritæ, valvis dissimilibus, *Pectines*, *n.* iij.
      - Non auritæ, valvis æqualitèr concavis, *Pectunculi*, *n.* iij.
      - Minùs concavæ, quibus altera pars in angustiorem angulum porrigitur, figurâ veluti rhomboeide; *Tellina* quibusdam, *n.* j.
  - Alterâ aut utrâq; parte semper hiantes,
    - Læves, *n.* ij.
    - Striatæ, ad cardinem fimbria extrinsecus reflexa, apophysi longâ, & angustâ, *n.* ij.
- Univalves,
  - Loco mobiles, vertice integro, *Patella*, *n.* j.
  - Fixæ, vertice operto, *Balani*, *n.* j.

COCHLEARUM MARINARUM ANGLIÆ
SECTIO I.
De Cochleis Turbinatis.

MEMBRUM I.
De Cochleis turbinatis, intortis sive anfractuosis.

ARTICULUS I.
De Cochleis turbinatis, intortis; quibus apertura sinuata sive canaliculata; Buccina rostrata ideo à me dictis.

CAP. I.
De Buccino rostrato lævi.

TITULUS I.
Buccinum album læve, maximum, 7 minimùm spirarum; a Whelke.

HÆC Testa admodum crassa & ponderosa est. *Descriptio.* Huic color albidus externè; intùs verò flavescit; id quod intelligi debet de vivorum animalium testis, & quæ novissimè ex mari expiscatæ sunt.

Ejus longitudo minimùm quinq; uncias implet; linea verò septem uncias longa hanc quà plenior est, vix circundat. Intra 7 ferè spiras finitur.

X 2 Aperturæ

De Cochleis Marinis.

Aperturæ longitudo ad tres uncias accedit, quà verò maximè patet, unciam paululùm excedit: in summa aperturæ parte, quidam Canaliculus sive sinus in modum rostri producitur.

Testæ pars exterior ex toto lævis est, i. e. sine striis; quamvis sæpiùs vel rugis quibusdam vel aliis rebus extrinsecus adnatis exasperetur.

Hanc vivam Operculum tenue, colore pullo, etiam testaceum claudit.

Illam piscantur in alto mari apud *Scarborough*, ubi primùm ex his vivas vidimus.

CAP. II.

De Buccinis rostratis striatis.

TITULUS; II.

Buccinum crassum rufescens, striatum & undatum.

HÆC testa crassa admodum & ponderosa est; extrà ex fusco rufescit, item intus ex albo leviter purpurascit; de maximè recentibus testis loquor.

Septem minimùm spiras in integrâ testâ numerare licet.

Testæ longitudo suprà tres uncias extenditur; ejus ambitum quà maximè patet, vix quinuncialis linea colligit.

Apertura qualis in superiore, & simile rostrum canaliculatum. At si testa integra est, in medio labro aperturæ est etiam alius sinus ex undatis striis paululùm reductis. Huic crebræ & minutissimæ striæ secundùm spiras circuminjiciuntur; item aliæ striæ crassæ ductu undato & transverso eminent.

Ex

De Cochleis Marinis. 157

Ex his aliquot in Litore, juxta *Scarborough, Hartle-* Locus.
pool, & ad Ostium fluminis *Tees,* at rariùs invenimus.

TITULUS III.

Buccinum tenue, leve, striatum & undatum.

HÆC testa à superiore, quam maximè refert, in his Descriptio.
differt; 1. Quòd hæc tenuis admodum & levis,cùm
illa valida & ponderosa sit. 2. Quòd huic amplior apertura.
3. Quòd huic ferè desunt striæ undatæ in summo & maximo orbe.
In reliquis a conveniunt.
Ex his aliquammultas invenimus in æstuario maris Hy- Locus.
bernici in alterâ ripâ adversus *Lancaster.*

TITULUS IV.

*Buccinum angustius, tenuiter admodum striatum, octo
minimùm spirarum.*

HÆC testa crassiuscula est & valida; quas vacuas Descriptio.
& fortè vetustas in litore invenimus albidæ sunt.
Ad octavam minimùm spiram producitur; ejus & mucro tenuior & basis etiam angustior est.
Maxima ejus longitudo paulùm supra duas uncias extenditur; ejúsq; crassitudinem, quâ ventricosior est, eadem ferè linea comprehendit.
Propiùs consideranti hæc crebris striis, secundùm spiras circumductis, at minùs profundè sulcatis leviter exasperatur.
Huic rostrum productius velut alter mucro, canaliculatum. Hæ

Locus. Hae testae in litore Scheveningensi colleguntur; at ibidem rariores sunt.

TITULUS V.

Buccinum minus, albidum, asperum, intra quinas spiras finitum.

Descriptis. Hujus animalis testa omnium, pro magnitudine, longè crassissima & ponderosissima est.

Color albidus, intùs, forás.

Longitudo ad sesquiunciam; at, quà crassior, linea duas uncias longa vix eam ambit.

Pendet, ...,

Intra quinq; spiras finitur; at eae non ita facilè numerantur, quòd striae crebriores paululùm emineant, & spirarum intercapedinem non parùm confundant.

Ipse mucro acutus, & parùm producitur.

Item ob strias quasdam transversas magis inaequalis & tactu asperior sit.

Testae apertura angustior est; ejúsq; ipsius orae ex insigni crassitie subitò fiunt acutae, & in modum serrae leviter exasperantur.

Ipsum rostrum brevius, at canaliculatum.

Locus. Haec & sequentia *Buccina literalia* dici possunt; quòd in litore certè scopuloso ingenti copia ubiq; reperiantur.

Coitus. Haec buccina, Junio ineunte, post aestûs recessum in sicco scopulo, tempore matutino, in Coitu frequenter observavimus.

TITU-

TITULUS VI.

Buccinum minus, ex albo-subviride, ore dentato, eóq; ex flavo leviter rufescente.

PRoximè superiori par testa, an paulo minor; figurâ, spirarum numero, asperitate, striis, rostro, omnibúsq; ferè reliquis admodum similis.
 Huic a. color ex albo subviridis.
 Item aperturæ oræ obtusiores. Ipsa apertura paulo angustior; cujus interior pars ad sinistram, quinis velut dentibus obtusis & parum eminentibus insignitur; parti aperturæ interiori color ex flavo rufescens.
 Item huic, ut superioribus singulis, Operculum tenue, rufescens, quo se inclusum tenet animal.
 Hæc quoq; buccina in iisdem scopulis litoralibus copi- *Locus.* osè inveniuntur juxta *Scarborough* & *Hartlepool*.

ARTICU-

De Cochleis Marinis.

ARTICULUS II.

De Cochleis turbinatis, intortis, testa apertura plana.

CAP. I.

De Cochleis turbinatis &c. ore plano, figura productiore.

TITULUS VII.

Buccinum crassum, 2 acutis at inæqualiter altis striis in singulis 12 minimùm spiris donatum.
An Buccinum striatum ἐλατηξ, Fab. Colum. ?

HUIC Cochleæ longitudo paulum supra tres uncias, crassiorem verò partem, linea binuncialis vix comprehendit.
    Admodum crassa, & ponderosa testa est.
    Huic color albus; at vivam nondum vidi.
    Nostræ erat mucro præfractus; ut certum aliquid de spirarum numero finire non potui; at in eâ 12 spiras numeravi.
    Spirarum interstitia notabilia & admodum sinuosa. Spiræ ex proportione paulatim adeò minuuntur, ut elegantem admodum figuram pyramidalem efficerent.
    In singulis mediis spiris, duæ, at altitudine inæquales, acutæ spiræ eminent; certè in tribus superioribus spiris maximè conspicuæ; at inferiores etiam spiræ velut aliis crebris sulcis excavatæ visæ sunt.
    Os sive testæ apertura velut circinata; at raro integra, ut nec ipse mucro invenitur.   Rarissima

De Cochleis Marinis.

Rariffima Tefta ; at aliquoties illam redemi à pifcato- *Locus.*
ribus litoris *Scarborgenfis* ; adeóq; in alto mari nafci videtur.

TITULUS VIII.

Buccinum tenue, densè striatum, 12 minimùm spiris donatum.

ILLA Cochlea eft longitudinis fefquiuncialis; quà ven- *Descriptio.*
tricofior, linea uncialis comprehendit.
Levis & tenuis tefta eft.
Huic color albidus ex leviter rufefcente.
Os five apertura ferè circinata; at rarò eâ parte integræ inveniuntur.
12 Spiras numerare licet: eæ minùs eminent ; fed planiores funt ; ex æquâ ratione minuuntur, & in longum & elegantem mucronem porriguntur.
Hæ Cochleæ poft tempeftates hybernas in litus *Scar-* *Locus.*
borgense ejiciuntur ; item ex litore occidentali agri Lancaftrienfis eafdem habui.

Y   CAP.

CAP. II.

De Cochleis turbinatis, ore plano, figurâ breviore sive compactili, Cochleæ-formibus.

TITULUS IX.

Cochlea fusca, fasciis crebris angustisq; predita. **Couding** *a piscatoribus Scarborgensibus Anglicè dicta.*

Descriptio.

HÆC crassa, validáq; testa est: ex his maxima duas drachmas pendebat.

Ejus longitudo paululùm supra unciam; linea verò duas uncias longa ejus basin, quâ crassior est, vix comprehendit.

Creberrimæ fasciæ angustæ secundùm spirarum ductus circuminjiciuntur: hæ verò ipsæ fasciæ in junioribus & minimis in strias eminent; adeóq; cochleæ iis quodammodo asperantur. Ipsæ a. striæ coloris fusci sunt, ad nigredinem accedentis, cùm earum interstitia, quæ tamen valdè angusta sunt, albicent.

Intra quinas spiras finitur: at eas numerare difficile est & propter strias frequentes, & quòd ipsæ spiræ planiores sint; ipse a. ejus mucro acutior est.

Illud in hâc testâ singulare est; aperturæ imas oras paulùlùm per latus dimitti; aliter quàm in aliis plerisq; fieri solet, ubi eæ ad angulos ferè rectos committuntur.

Locus.

Hæc Cochlea è litoralibus nostris frequentissima est, maximè locis scopulosis.

Junio coëunt in sicco, quod ipse vidi: coeuntium alteri tantùm, ni fallor, insignis penis.

Huic ipsi animali reticulata cutis ex nigris lineolis. Item operculum tenue pullum.

Has

De Cochleis Marinis.

Has guftavi; nec mihi infuavis vifa eft: à Belgis eas plurimùm appeti audio.

TITULUS X.

Cochlea rufefcens, fafciis maculatis, maximè ad imos orbes diftincta.

HÆC lævis & modicè craffa Tefta eft. *Defcriptio.*
Huic longitudo vix uncialis; at lineola duas uncias longa illam, quà ventricofior eft, vix comprehendit; fc. figurà admodum compactili.

Intra quintum orbem finitur; quorum primus ventricofus, reliqui exigui & parùm producti, ipfíq; mucro obtufior, velut in Cochlea vulgari hortenfi.

Hæc ex albido rufefcit; at ad imam maximè partem primi & fecundi orbis velut fafcia rufa è quibufdam maculis rufis, obliquè ductis compofita, & plures ejufmodi effe poffint per totum orbem fuperiorem: fed de colore in vivis animalibus nihil certum affirmare poffum, quòd teftas vetuftas tantùm & maris agitatione multùm detritas adhuc vidi.

Ipfa apertura velut ovalis eft; item ad ejus alteram partem eft quoddam foramen aut cavum, anguftum, profundum; id verò ipfi.teftæ extrinfecùs eft.

Ex his aliquot non femel invenimus in litore arenofo a- *Locus.*
gri Lincolnienfis, ac etiam ad oftium Fluminis *Humber:* at utrobiq; quidem cochlea rariffima eft.

Y 2　　　　　　　　　CAP.

CAP. III.

De Neritis, i. e. de Cochleis turbinatis plano ore sive apertura non rostrata, quibus & pauca spira, & quibus umbones sive mucrones parùm aut nihil eminent.

TITULUS XI.

Nerita ex fusco viridescens, aut ex toto flavescens, modò pallidè, modò intensè ad colorem mali aurantii maturi.

Descriptio.

HÆC testa valida & crassa est: nucem è corylo mediocrem æquat; sc. paulo dimidiam unciam excedit longitudine; nec multo minor latitudine.

Intra tertiam spiram finitur, ejus mucro quasi occultatur, certè parùm aut nihil eminet aut extat.

His color non idem, modò ex toto flavent, modò intensiùs rufescunt; interdum ex fusco virescunt.

Locus.

Hæ sunt ex litoralibus nostris Cochleis; & in scopuloso litore ubiq; abundant.

Junio ineunte in Coïtu has Cochleas vidimus; modò duas flavas, modò flavam & fuscam copulatam; idq; in sicco, cùm sc. maris æstus recesserat, quod tùm fortè matutino tempore incidit.

TITU-

TITULUS XII.

Nerita fasciatus, unicâ latâ fasciâ insignitus, cæterùm subfuscus ex viridi.

HÆC a. proximè superiori similis est, magnitudine, figurâ, spirarum numero, &c. unicâ fasciâ latâ per medium ductâ distinguitur. *Descriptio.*

An verò hæc diversa species sit, non admodum contendo; at quòd ex his nullas in coitu observare potui, nec per se, nec cum aliis superioris generis copulatas, alias esse suspicor ab illis.

Ibidem quoq; non minùs frequenter habentur. *Locus.*

TITULUS XIII.

Nerita reticulatus.

HÆC Cochlea superioribus sui generis paulo minor est; at figurâ per omnia similis: in eo differentia, quòd huic color fuscus ex viridi, modò flavescens, at qui reticulato quodam opere eleganter distinguitur. *Descriptio.*

Ex his vivas in litore scopuloso juxta *Scarborough* reperi, & ad *Hartlepool*: at rarissimæ sunt. *Locus.*

CAP. IV.

De Trochis, i. e. quibus figura conoïdes, ex basi latâ & planâ: ipsarum etiam spirarum latera admodum plana, & minimè extantia unum super alterum.

TITULUS XIV.

Trochus albidus, maculis rubentibus distinctus, 6 minimùm spirarum.

Descriptio. HÆC tenuis & pellucida testa est; item lævis, nisi vetustas id efficiat; etenim vivas adhuc non vidi.
Ei color albidus; in parte verò maximè eminente, sive in mediâ quâq; spira, est quidam macularum rubentium ordo.
Huic minimùm senæ spiræ, paulatim ad elegantissimum & acutum mucronem fastigiatæ: spiræ etiam leviter striantur, at neq; crebris neq; admodum eminentibus striis.
Huic longitudo paululùm supra dimidiam unciam; filum a duos digitos longum ejus basin vix circuit.

Locus. Juxta *Scarborough* at rariùs; ad ostium verò *Humber* & oram maritimam agri Lincolniensis sat copiosè.

TITULUS XV.

Trochus crebris striis fuscis, & transversè & undatim dispositis, donatus.

Descriptio. HÆC cochlea proximè superiori paulo minor est: Item brevior & crassior est.

Intra

De Cochleis Marinis.

Intra quinas finitur spiras: ipsæ etiam spiræ leviter extant, earúmq; latera paulo rotundiora sunt: huic quoq; striæ exiguæ, at crebriores & leviter eminentes, ut asperula sit.

Porrò huic striæ, in quo summa elegantia, fuscæ & transversè & undatim dispositæ.

Ad litus Orientale copiosè habentur plerisq; locis. *Ls:ui.*

ARTICULUS III.

De Cochleâ turbinatâ, Aperturâ omnium longè patentissimâ, perforatâ.

TITULUS XVI.

Auris marina quibusdam: Patella fera Rondeletii. ΛΕΠΑΣ ἀγρία *Aristotelis.*
       Mother of Pearl, Anglicè.

HÆC Cochlea Auris marina appellatur, ob quandam *Descriptio.*
similitudinem cum aure nostrâ.

Longitudo uncias quatuor, latitudo ferè tres uncias implet.

In cava Testæ parte unionum splendor insignis. Ex parte a. convexa sordidè rufescit.

Turbinatorum more claviculatim torquetur; adeò ut ab aliquibus Univalvibus malè annumerata est. At intra alteram ferè spiram finitur.

Item ex parte convexâ aspera est & inæqualis ob quasdam strias, secundùm spirarum ductum delineatas; quarum etiam maximæ profundiùs sulcantur; item quòd hâc etiam parte foramina paululùm emineant.

In

De Cochleis Marinis.

In aliquibus verò sex, in aliis majoribus septem foramina perpetuò patent; reliqua a. quæ ampliùs triginta numerare licet, nè aperiuntur quidem, quum non perforantur, ut diligentiùs internam & concavam Testæ partem inutenti palàm sit. Ea a. incipiunt à spirarum mucrone, ubi perexigua; deinceps incrementum paulatim sumunt.

Locus.

Ultimum a. & prægrande foramen excipit velut labrum quoddam sive rostrum canaliculatum, ut superioribus primi membri non minùs rectè annumerentur.

In insulis prope *Garnsey* copiosè reperiuntur; easdem etiam in litore Italico juxta Puteolum collectas habui.

ARTICULUS IV.

De Cochleâ Turbinatâ, aperturâ in rimam formatâ; ipsis spiris intùs latentibus.

TITULUS XVII.

Concha Veneris exigua alba, striata. Nuns.

Descriptio.

HÆC perexigua testa est; vix enim fabam equinam æquat.

Color ei albus, aut ex albido subrufescens.

Huic striæ transversæ crebræ eminentes.

Locus.

Juxta *Hartlepool* agri Dunelmensis sat copiosè reperiuntur; ubi Nuns appellantur.

N. B. Valdè similem vidi ab insulâ Jamaicâ: at in eo discrimen, quòd illi in summa parte convexâ est unicus profundior sulcus, qui in nostrâ deest.

MEM-

MEMBRUM II.

De Cochleis turbinatis, orbes non habentibus.
Echini inter testacea ab Aristot. numerantur. Et quòd idem omnia Turbinata Elicem non habere innuit, ideo Aldrovandus alterum Turbinatorum genus Echinos fecit; quem & nos quidem hâc in re sequimur. Aldr. de Testac. p. 256.

TITULUS XVIII.

Echinus marinus, aculeorum vestigiis parùm aut nihil eminentibus.

HUIC Testæ figura globosa sive sphærica; at ex al- *Descriptio.* terâ parte paulo planior est.
Creberrimis aculeis undiq; contegitur: in vivo pisce & intra aquam natante erecti; at mortuo aut extra aquam posito iidem desidunt. Ipsi a. aculei exigui & tenues, vix dimidium digitum superant. Qui ex his majusculi, omnes obtusiore mucrone desinunt: iisdem etiam color albidus.
Detritis a. aculeis, eorum vestigia parùm aut nihil eminent.

Z COCH-

COCHLEARUM MARINARUM ANGLIÆ
SECTIO II.
De Cochleis Bivalvibus.

MEMBRUM I.
De Cochleis Bivalvibus quæ ex omni parte arctè inter se conjungi possunt.

ARTICULUS I.
De Cochleis Bivalvibus, ex omni parte clusilibus, non striatis.

CAP. I.
De Conchis non striatis.

Harum a. nota characteristica sunt. 1. *Utramq; è valvis esse æquè cavam.* 2. *Duobus præter cardines validis ligamentis, musculisve, hinc indè in mediâ Testâ dispositis, ipsis testis adnecti.* 3. *Esse leves aut leviter asperas.*

TITULUS XIX.
Concha longa latáq;, in mediis cardinibus cavitate quadam pyriformi insignita.
An Chama-glycymeris Rondeletii?

Descriptio. HÆC testa ad tenuiores accedit, adeóq; valde fragilis est.

Longitudine

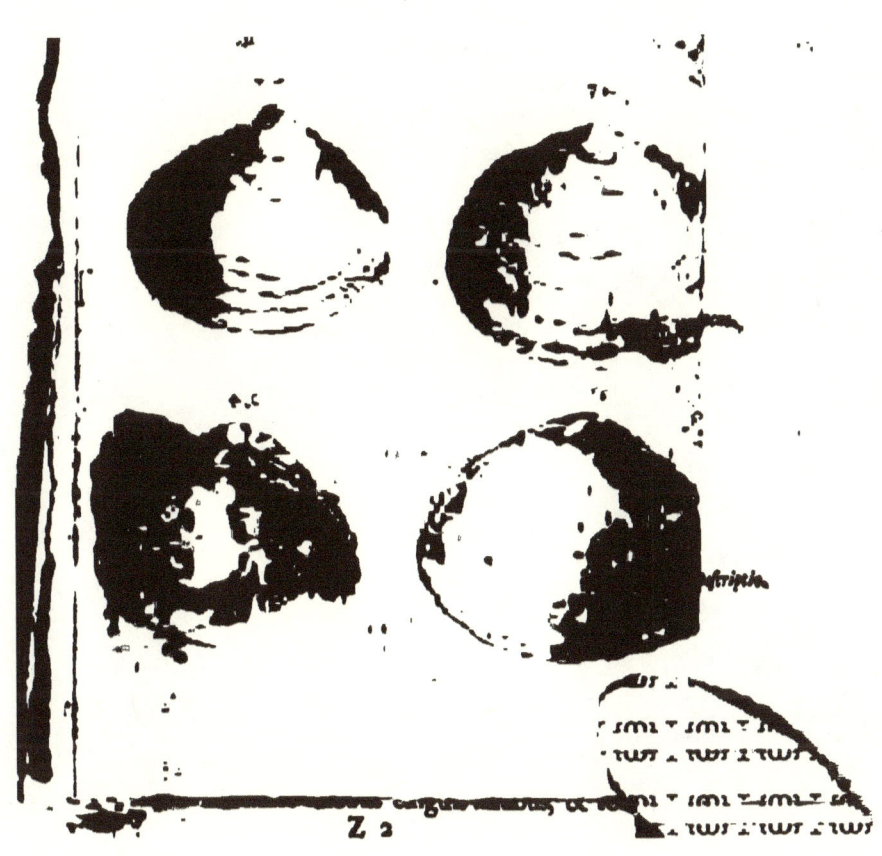

Longitudine

De Cochleis Marinis.

Longitudine quatuor minimùm digitos eum dimidio implet; latitudine paulò supra duos habet.

Minùs profundè excavatur; intùs lævis, item extrà haudquaquam aspera est.

Intùs albent, extrà flavescunt: at cujus naturaliter coloris sit, minùs constat; quippe omnibus à me observatis summa cuticula deerat; nisi quòd in aliquibus cutis sive membranæ fuscioris exiguæ particulæ adhærerent.

Ex altera parte cardinis paulò magis producitur; at utraq; pars extrema & ferè æqualiter lata & subrotunda.

Ad medium verò cardinem in utrisq; valvis, præter alios sinus angustiores, est quædam insignis cavitas pyriformis.

Huic animali, præter nexus ad cardinem, duo ligamenta sunt, quorum vestigia in utrisq; valvis satis notabilia.

In litore arenoso juxta *Philo*; item ad ostium fluminis *Locus.* *Tees* copiosissimè reperiuntur.

TITULUS XX.

Concha quasi rhomboides, in medio cardine utrinq; circiter tribus exiguis denticulis donata.

HÆC testa modicæ crassitudinis est, & inter firmiores numeranda est. *Descriptio.*

A latere ad latus duos digitos patet; à cardine verò ad imam oram paulo supra unum digitum; figurâ quodammodo rhomboide.

Extrà rugis asperatur, in aliquibus creberrimis minutissimísq; quasi striis transversis.

Ipse umbo exiguus acutúsq; est: proximè verò sub umbone cardo constat è duobus exiguis sinubus, & totidem

De Cochleis Marinis.

aut trinis denticulis: at etiam alii sinus sunt, in longum procedentes, maximè ex alterâ parte.

Huic color extrinsecus albus ; at non nisi testas suis animalibus vacuas & fortè vetustas adhuc vidimus: intùs verò ad alteram à cardine magis remotam partem colore violaceo insigniuntur; reliqua interna testa albet. An quibus hæc etiam nota, è recentioribus sint?

Locus. Ad ostium fluminis *Tees* ripâ Eboracensi, satìs frequenter reperiuntur.

Cùm in hâc Conchâ & infrà describendâ Tellinâ illustres notæ purpura-violacei coloris insunt; an Conchylium antiquorum à Bivalvibus, ut Purpura à Turbinatis ortum sit, meritò quæro.

TITULUS XXI.

Pholas noster, sive Concha intra lapidem quendam cretaceum degens.

Descriptio. HÆC admodum tenuis & fragilis Testa est. Nullam vidi quæ digitum longitudine implevit ; at latitudine vix mediam partem digiti attingunt.

Modicè cavæ sunt valvæ; ex unâ parte rotundantur: ex alterâ verò admodum obtusæ ac si præcisæ forent.

Extrà rugosæ, intus læves.

Mortuæ & vetustæ testæ, nam alias nondum vidi, albent.

Locus. Hæ conchæ juxta *Hartlepool* frequenter reperiuntur, & in lapidis cujusdam cretacei foraminibus latitant ab ipso earum ortu: nam ex his eximi non possunt, nisi priùs lapis frangatur.

De ipsis a. foraminibus hæc observavi. 1. Ea fieri in lapide molli, & quæ facilè forari possit. 2. Alterâ parte patent,

De Cochleis Marinis.

patent, alterâ clausa sunt. 3. His singulis figura una & eadem est, eáq; veluti ovalis; sc. ipsum os angustius, media pars paulò ventricosior, rursus angustior ima pars, quæq; rotundatur. 4. Pro ratione animalis majora minoráve sunt; ut parvo animali exiguum foramen, & adulto majusculum; at omnium foraminum cava duplo aut triplo majora sunt, quàm Conchæ requirant, sc. ut liberè valvas aperire possint. 5. Majorum foraminum longitudo ad 2 uncias; latitudo, quà ventricosius, paulo supra dimidiam unciam est.

TITULUS XXII.

Concha è maximis, admodum crassa, rotunda, ex nigro rufescens.

HÆC testa admodum crassa & valida est. *Descriptio.*
E maximis est: æqualiter ferè lata est, sc. ad digitos tres utrinq; patens; adeò ei figura subrotunda est.

Cava, & in dorsum multùm elata est.

Huic color, cùm summa cuticula adest, ex fusco rufescens, aut castaneus: intus albet.

Ferè lævis est; at cute detractâ, ex parte gibbâ leviter rugosa est; & in aliquibus minutioribus sunt admodum minutæ striæ transversæ, sc. à latere ad latus deductæ.

Ipse a. umbo angustior, acutus & leviter rostratus est.

In ipso verò cardine sunt plures sinus profundiores, dentésq; sive apophyses eminentes.

Copiosissimè reperiuntur in litore arenoso ad ostium *Locus.*
Fluminis *Tees*, & alibi juxta *Philo.*

TITU-

TITULUS XXIII.

Concha tenuis, subrotunda, omnium minimè cava, cardinis medio sinu & amplo & pyriformi.

Descriptio.

HÆC testa admodum tenuis & fragilis est. Latitudine sesquidigitum patet, longitudine ferè ad duos digitos producitur; ita ut subrotunda sit.

Huic color albicans, qualis in omnibus vetustis testis; nam vivos id genus pisces nondum vidimus.

Valvæ minimè omnium profundè excavantur, ipsi umbones perexigui, & ad cardinem acuti sunt. Ipse a cardo ex pluribus sinubus constat; at medius reliquis amplior & quodammodo pyriformis.

Locus.

Copiosè habentur ad ostium fluminis *Tees* juxta *Redcar* ripâ Eboracensi.

TITULUS XXIV.

Concha crassa, ex alterâ parte compressa, ex alterâ subrotunda.

Descriptio.

HÆC testa pro magnitudine crassa & valida est. Modicè excavatur.

Huic color albidus; at vivos pisces nondum vidimus.

Figura subrotunda; à cardine ad imam oram sesquidigitum longa; à latere ad latus paulò supra eandem mensuram patet.

Ipse umbo acutus & leviter rostratus.

Intus lævis; ex parte verò gibbâ aliquot rugæ transversæ sive striæ, at sine ordine.

Ex alterâ verò parte ab umbone ad rectam lineam procedit,

De Cochleis Marinis.

cedit, ex alterâ & adversâ eâ, rotundior est ; quâ solâ notâ abundè distinguitur à proximè superioribus.

Ad ostium Fluminis *Tees*, & in litore arenoso juxta *Philo* ; at rariores sunt. *Locus.*

TITULUS XXV.

Concha parva subrotunda, ex parte internâ rubens.

HÆC testa modicè crassa est ; sive ad tenuiores potiùs accedens. *Descriptio.*

Huic latitudo digitalis ; longitudo digiti quartâ parte minor.

Extrà albescit cum quodam rubore ; intùs verò præcipuâ quâdam rubedine per totam internam faciem illustratur.

E lateribus verò alterum ferè circinatum, alterum à cardine in obtusum quendam angulum rectà procedit : at paulo antè quàm ad istum angulum veneris, quidam sinus leviter deprimitur ; id tamen, nisi admodum diligenter attendas, haud tibi ita facilè occurret ; at ea præcipua distinctionis nota est.

E millenis fortè unam inveni suprascriptis triplo majorem.

In Brevibus Lancastriensibus, juxta *Philo* & alibi frequentissima concha ; & è litoralibus est ; nam ex his vivos pisces captos vidi. *Locus.*

CAP.

CAP. II.

De Conchis asperis, valvis dissimilibus, unico ligamento interno donatis, Ostrea dictis.

TITULUS XXVI.

Ostreum vulgare maximum, intùs argenteo quodam splendore albescens.

Descriptio.   HÆC testa satis nota est, admodum crassa, valida & ponderosa, ingenti magnitudine, maximè quæ inter rupes Scoticas expiscantur.

Huic figura subrotunda, at inæqualis ferè. Item valvæ inæquales & dissimiles ; sc. quarum una plana, altera cava ; utraq; verò extrinsecus rugosa & aspera admodum ; at non striata. Intùs a. lævis & albescens cum argenteo quodam splendore, foris color ferè fuscus.

Huic pisci unicum tantùm ligamentum internum in mediis valvis affixum.

In his interdum suæ Margaritæ inveniuntur.

Locus.   Plurimis in locis in nostro mari piscantur.

Ostrei anatome è clarissimo Willisio nostro, de Anima Bruti cap. 3.

Testæ in Ostreis ab ovo connatæ ; & primò molles, prout mole accrescunt, sensim indurantur.

Musculi victi Testas occludentes & aperientes.   Utriq; Testæ *Musculus robustus*, in medio ostrei consitus per tendines suos adnascitur. Hujus fibræ motrices (quæ velut chordarum fasciculus videntur) rectà ascendentes, dum contrahuntur, Testas arctè occludunt, relaxatæ

De Cochleis Marinis.

laxatæ verò eas aperiri & attolli finunt: quod munus aperiendi teftas, Mufculus alter huic adjunctus exequitur.

Præter hos mufculos rectos, & ad Teftarum plana perpendiculares, funt bini alii *circulares*, per utriufq; teftæ margines expanfi; qui ibidem inter fe Branchias comprehendentes, earum motibus potiffimùm inferviunt, uti mox oftendemus. *Mufculi circulares Branchias moventes.*

In fummitate Oftrei, mufculi circulares uniti, quoddam quafi velum, pro tegendo capite conftituunt: deinde paulo inferiùs divifi, quatuor branchias fuperiores includunt; in quarum medio rima dehifcens, proceffu aliquo ad Oftrei *Os* ducit. *Os.*

Ab Ore tranfitus brevis & rectus ad ventriculum eft. Hujus cavitas fatis ampla foraminulis, in *corpora fufca*, ei utrinq; affixa, ducentibus, prædita eft. Corpora iftæc, & Mefenterii & Hepatis loco effe, eorúmq; muniis defungi videntur; quatenus nempe puriorem chyli partem, mox è ventriculo fufcipiunt, ipfámq; defæcatam humori vitali tradunt. *Ventriculus. Hepar, Mefenterium.*

In Oftreo, *inteftinum* ex imo Ventriculo incipiens, cum tubo plano & æquali, verfus mufculi recti angulum dextrum defcendit, ubi in fe convolutum & retortum, rurfus fupra ventriculum & hepar afcendit; inde demerfum ac in finiftrum latus reflexum, juxta mufculi recti limbum incedit, donec in *Anum* definit. Ad hunc modum in Oftreo, inteftinum fimplex & unicum, longiffimo gyro, plufquam in aliis quibufcunq; animalibus, circumducitur; quo quidem ftercora diutiùs retinere queat; fc. ne cùm in ficco degit, ea importuniùs depofita, lymphas, ob vitæ pabulum, teftis inclufas, (dum iis mifcentur) polluant. *Inteftinum. Anus.*

Inteftino hoc in longum diffecto & aperto, in fundo ejus corpus fubdurum & ferè rotundum eminet, quod ab ano ad ventriculum afcendens, ibidem emergit, & fub œfophago verfus caput protenditur: *fpinali medullæ* non

A 2 abfimile,

absimile videtur: ductus a chyliferos, corpora subfuscs, ventriculo appensi, supplere ostendimus.

Pericardium cum corde & vasis.

Infra ventriculum, Pericardium, cor albicans cum auricula ampla & nigricante includens, locatur: quo aperto illud pulsare conspicitur, & quâq; diastole, humorem vitalem è venâ cavâ in auriculam admittere; deinde quâq; systole eundem in aortam, è regione consitam, propellere; deinde juxta vasis hujus ramos tripartitos, istius humoris pars quædam superiùs tendit versus caput, hepar, & stomachum; item portio quædam in musculum rectum reflectitur; interim pars ejus maxima magno arteriæ trunco, ad branchias delata, ibidem intra ductus minutissimos, & valdè numerosos, velut exiles rivulos explicatur, ut secundùm omnes suas partes corpusculis nitrosis ab aquâ inspirandis, frui possit. Et hoc quo uberius fiat, advertimus, aquam, non modò extimas Branchiarum superficies, prout in piscibus sanguineis, alluere; verùm ubiq; penitiores earum ductus, & intimos quosq; recessus subire.

Branchiæ.

Quinimò ipsæ *Branchiæ* per ostrei hemisphærium, & ampliùs expansæ, cuncta alia viscera, ferè item partes mole superant. Adeò piscibus, quoniam in aquâ parciùs respirant, ita provisum est, ut simul pluribus in locis respirationis pabulum iis suggeratur. Branchiarum cirri quatuor, & cujusq; illorum bini veluti lobi sunt; nempe superior, latior, & crassior; ac inferior, qui tenuior & paulo contractior existit. In totis earum ductibus, unaquæq; duplicata est, atq; binas pinnarum series coalescere visas continet: ad singulas Branchias duo vasa, sc. Arteria & Vena spectant; quæ in cirrorum aggeribus disposita, propagines exiles utriusq; generis per universas fimbrias disponunt. Cæterùm præter hos quatuor vasorum ordines, tot insuper foraminum vasa isthæc interjacentium, series reperiuntur; quæ item ductibus manifestis in pinnarum interstitia aperiunt; & illic aquas musculorum circularium commissurae inferiori absorptas deducunt.

Quoad

De Cochleis Marinis.

Quoad Branchiarum motus *duletiq* patet, musculos circulares, qui eas includentes utriq; testæ innituntur, modò relaxatos ad extremas testarum margines pertingere; quo instanti etiam Branchiæ relaxatæ, aquas imbibunt, simúlq; ex iis pabulum nitrosum hauriunt; modò contractos introrsum diduci, simúlq; branchias ad exprimendum aquas recèns admissas cogere.

Si ratio inquiratur, cur pisces testacei præter vasa humorem vitalem circumducentia, etiam ductus sive canales apertos, quibus lymphæ ad intimos eorum recessus convehuntur, habeant; ea videtur, quòd subsidente æquore, sæpiùs aliquandiu in sicco manent; idcirco ut respirare possint, aquas copiosas, intra proprias istorum compages, velut utribus repositas continent. Itaq; hi diutiùs, quàm alii extra undas vitam agunt. Satis notum est, Ostrea, quando undis eximuntur, magnam aquæ quantitatem intra testas suas occludere. Atq; hæc hactenus Clar. Willisius noster.

Vide Figuras, earumq; explicationis bicinferendas.

De Ostreorum generatione & quomodo viridia fiant *.

Vide Historiam R. S. A. Angliè editam, p. 307.

Mense Maio fæturam ejiciunt Ostrea, id quod à nostris piscatoribus **Spatt** vocatur. Id a. figurâ lenticulari est, at ipsis lenticulis paulo majus. Saxis verò veteribúsq; Ostreorum testis rebúsq; similibus, quæ omnia **Clutch** vocantur, per maris fundum dispersis, adhæret.

Non sine ratione conjiciunt, recenter edita ova intra 24 horas Testis contegi.

Mense Maio, legibus maritimis, Piscatoribus permissum est, omnigena ostrea, cujuscunq; ea magnitudinis sint, expiscari.

Quibus captis, fæturam à re cui adhæret leniter cultello separant; eâ re mari rursus commissâ, ut loci fæcunditas in posterum præservetur; nisi ubi adeò recenter edita fit proles, ut tutò dividi non poſſit ; quo caſu iis conceſſum eſt lapidem aut Teſtam, &c. auferre, cui adhæret fœtura : cùm ſuper unicam Teſtam viginti tenella oſtrea ſæpiùs numerentur.

Poſt menſem verò Maium id auferre quod 𝕮𝖑𝖚𝖙𝖈𝖍 vocatur, furtum eſt ; nec, niſi ea Oſtrea, quæ juſtæ magnitudinis ſunt, impunè capere licet.

Hanc verò prolem aliáq; oſtrea ad quoſdam maris ſinus devehunt ; ubi ea alveis quibuſdam maritimis demittunt, quos lectos ſive ſtrata vocant : ibi adoleſcunt, & pingueſcunt ; duobus certè aut tribus annis minutiſſima proles ad juſtam magnitudinem perveniunt.

Ea a. oſtrea, quæ viridia fieri cupiunt, foſſis quibuſdam, in brevibus maritimis tres pedes altis demittunt ; has a. inundant altiores tantùm æſtus ad plenilunium & novilunium. Ipſis verò foſſis aptantur quædam Emiſſaria, per quæ aqua marina eatenus refluit, donec ad dimidiam altitudinem ſubſiderit.

Hæ verò Foſſæ, à quâdam loci proprietate, ſole adjuvante, virides fiunt ; ſuúmq; colorem tridui aut quatridui ſpatio oſtreis communicant ; quamvìs ea ibi manere ſex ſeptimanas aut duos menſes ſinunt, quo tempore intensè viridia fiunt.

Solis a. operationem in hâc viriditate inducendâ illud probat, ſc. foſſas *Talesburienſes* tantùm æſtate id præſtare ; at ipſam terram vehementiùs id efficere teſtatur, quòd foſſæ *Brickleſeaenſes* & æſtate & hyeme id perficiant. Item illud accedit, Foſſam unam ab alterâ pede diſtantem id non præſtare ; eáſq; quæ olim id optimè fecêre, jam proprietatem ſuam amiſiſſe.

Oſtreorum a. è valvis illa quæ concava eſt, cùm æſtus influit, terram ſpectat ; cùm verò refluit, ſe invertunt.

E loco a. non ſe movent, niſi tempeſtate frigidâ, ut luto ſe obruant.

Is

De Cochleis Marinis.

Is verò piscis, qui à stellâ nomen habet, cùm ostrea se aperiunt, ea ingreditur, depascitúrq;.

Demptâ a. eâ materiâ, quæ **Clutch** vocatur, & suprà exposita est, Lutum augetur, in quo tùm maximè generantur pectunculi & musculi, ostreáq; destruunt; cùm iis non sit, ubi fæturam deponant.

Ostrea verò à fætura ægrotant. Junio a. & Julio mensibus meliùs se habere incipiunt, & Augusto penitùs sanescunt. Masculi a. ægritudo cognoscitur à quâdam nigrâ materiâ in branchiis discernendâ; Fœminæ a. ea materia ibidem tùm alba est.

Ostrea in Fossis quidem salsa sunt; at illud magis in stratis; maximè verò in alta mari. Hæc hactenus ille.

TITULUS XXVII.

Ostreum parvum veluti striatum, testâ intùs virescente, cardine utrinq; canaliculato.

HÆC testa in diametro rarò sesquidigitum excedit, *Descriptio* at maxima eorum pars multo minores sunt; ex his a. ipsi vidimus aliquot centena.

In his verò testis extrinsecus eadem ferè asperitas, qualis in superiore ostreo; eadémq; & major varietas in figura. Nam ex his alia admodum concava; alia minimè profunda; alia diversimodè sinuosa; alia ad amussim ferè rotundatur.

Extrinsecùs etiam in multis striarum quarundam, pectinum ritu, non levia vestigia.

In ipso verò cardine singulis Testis singuli sinus sive canaliculi sunt.

Unicus a. in mediâ cavitate Musculus, cujus impressum vestigium albescit, at circà cum argenteo quodam splendore virescit.   **Ad**

Locus.

Ad ostium fluminis *Teet* ripâ Eboracensi copiosè habentur. Hæc a me primùm gustâsse memini Burdigalæ Galliæ Aquitaniæ, ubi in deliciis sunt; ibiq; *Ostrea Saxatilia* appellantur, siquidem inter scopulos inveniuntur.

CAP. III.

De Conchis Musculis *dictis, setiferis, unico ligamento donatis, figurâ ferè rhomboide.*

TITULUS XXVIII.

Musculus ex cæruleo niger.

Descriptio.

Hujus Conchæ utraq; Testa admodum tenuis; parte verò acutiore paulo crassior & spissior est. Reliquo ambitu rotundo multo tenuior & fragilis.

Foris ex cæruleo nigricat; intùs ex cæruleo albescit: utrinq; verò lævis admodum.

Lumini objecta, à summo cardine ad imam oram, ad modum radiorum venæ exiguæ cæruleæ eleganter procedunt; idq; in nonnullis nudè conspicitur.

Ferè ita mensurantur; longitudine duos digitos & dimidium explent; latitudine paulò supra unum. At in aliquibus locis ad mirandam magnitudinem perveniunt.

Setam exerunt è sinu magis reducto, adversus quem angulus acutus eminet. Ipse a. cardo acuminatior; ima ora rotunda.

Admodum capax concha: figurâ rhomboide.

Huic unicum ligamentum, ex adverso cardini ad oram sc. rotundiorem collocatum.

Caro intùs pallescit cruda; coctâ vitellis ovorum similis est; in ambitu fimbriata. Musculi

De Cochleis Marinis.

Musculi suum Byssum gignunt, pinnarum more: sed tam differt, inquit Rondeletius, à pinnarum bysso, quàm stuppa canabina à tenuissimo & delicatissimo serico.

Musculi sedem non mutant; siquidem villis sive setis, quasi scopulis adnascuntur.

Magnâ copiâ ubiq; per oram maritimam & in flumini- *Locus.* bus quoq; aquæ dulcis reperiuntur.

Edules sunt apud nos; item eorum præcipuus usus apud Lancastrienses quosdam ad agros stercorandos; ubi carris vehuntur à scopulis in vicinos agros. Item ex his esca plurima ad pisces capiendos.

ARTICULUS II.

De Cochleis bivalvibus, ex omni parte clusilibus, striatis.

CAP. I.

De Pectinibus.

Pectinum vero hæ notæ characteristicæ sunt. 1. Esse striatas. 2. Veluti auritas. 3. Alteram è testis cavam, alteram planam. 4. Unico Musculo donari. 5. Nullis apophysibus sive tuberculis testaceis ; sed in medio utriusq; testæ cardine similem cavitatem sive canaliculum habere, nervo obfirmatum.

TITULUS XXIX.

Pecten maximus, circiter 14 striis admodum crassis, & eminentibus, & iisdem ipsis striatis insignitus.
¶ Scallop.

Descriptio. Testæ, quam descripsi, longitudo, i. e. à summo cardine ad imam oram, ... uncias & dimidiam implevit; latitudo ad uncias quatuor porrecta est.

Intùs albet, extrà ex albido rufescit.

E testis altera modicè cava, altera plana est, alterius veluti operculum.

Modicè crassa est.

Utræq; testæ, quâ parte auritæ, strictiores sunt ; deinceps verò paulatim amplificantur, & fiunt rotundæ.

Utræq; testæ similiter striatæ ; ipsæ a. striæ à cardine incipiunt, & ad imam oram rectè procedunt. In singulis testis

De Cochleis Marinis.

testis circiter 14 striæ sunt, admodum crassæ & eminentes: ipsæ a. eædem majores striæ aliis quoq; striis minutis exornantur; quas etiam minutas in ipsis auriculis & in canaliculis observamus.

In utraq; Testa ad medium cardinem similis sinus amplus, pyriformis est; ibi niger quidam nervus sinus occupat, ipsumq; cardinem maximè obfirmat.

In Freto juxta peninsulam *Portland* & alibi in illo ma- *Locus.*
ri expiscantur.

Hi pisces ex testaceis post Ostrea maximè in deliciis sunt.

TITULUS XXX.

Pecten tenuis, subrufus, maculosus, circiter 20 striis majoribus, at lævibus, donatus.

HUjus Testæ longitudo rarò, quantum adhuc vidi- *Descriptio.*
mus, binos digitos excedit; at ejus latitudo paulo minor est.

Tenuis & levis est.

Circiter 20 strias majusculas & eminentes numeravi: ipsæ a. non, ut in proximè superiore, striantur, sed læves sunt: ipsi verò canaliculi sive striarum interstitia minutissimis adeóq; creberrimis striis undatim & transversè donantur.

Item auriculæ utriusq; generis striis ad eundem modum striantur.

Huic color rufus, sive rubeus, maculis sive nubeculis albidis variè interstinctus, in modum cujusdam marmoris.

Sinus, ubi cardo, angustus, & pyriformis.

In litore juxta *Scarborough* & ad *Hartlepool* satis fre- *Locus.*
quentes sunt, maximè post procellam.

B b   TITU-

TITULUS XXXI.

Pecten minimus angustior, inæqualis ferè & asper, sinu ad cardinem cylindraceo, creberrimis minutissimisq; striis donatus.

Descriptio.

HÆC testa admodum inæqualis est, & sinuosa; interdum aspera scabráq;: interdum modicè crassa; interdum è validissimis.

Hujus longitudo ferè ad duos digitos est, latitudo ad unum; ut sui generis superioribus angustiores sint.

Hujus item ambitus admodum inæqualis, vix unam figuram observans. Item ex his aliæ admodum concavæ, aliæ minùs, aliæ minimè, perinde ut in ostreis videmus.

In medio cardine, ubi vinculum nerveum inseritur, sinus quidam sive canaliculus angustus est figurâ cylindraceâ.

Huic auriculæ vel una vel ambæ ferè deteruntur; ubi a. ambæ adsunt, mediocres sunt.

Huic striæ creberrimæ, pertenues, & minimè eminentes, ut difficile sit eas numerare.

Huic color fuscus, interdum albidus, interdum subcroceus: at qui sit in vivis, nescio.

Locus.

Ex his plurimas habui ab ostio fluminis *Tees* ad litus Eboracense. Item juxta *Scarborough* leguntur.

CAP.

CAP. II.

De Pectunculis.

Hâc *a. appellatione eas Conchas intelligi volumus*, 1. *Quæ sine auribus sunt, & tamen striis Pectinum more donantur.* 2. *Quibus utraq; Testa æqualiter cava est.* 3. *Quæ unico musculo sive ligamento donantur.*

TITULUS XXXII.

Pectunculus maximus, at minùs concavus; plurimis minutioribus & parùm eminentibus striis donatus, rostro acuto, minúsq; incurvato.

HIC omnium facilè maximus Pectunculus est; sc. à rostro ad imam oram duos digitos & dimidium explet; neq; latitudine multo minor est. *Descriptio.*

Testa valida, ponderosa & crassa est; at paulo minùs concava est quàm proximè duo inferiores.

Ipse umbo sive rostrum ad cardinem acutius & minus incurvatum est.

Huic sunt apophyses aliquot eminentes ad cardinem in trinis articulis; at sinus quidam in medio articulo, proximè sub rostrum, minutus & pyriformis est, qui in duabus sequentibus non conspicitur.

Huic color albidus; at ex his vivos pisces nondum vidi.

Ad ostium fluminis *Tees* reperiuntur; at ibi quoq; è ra- *Locus.* rissimis sunt.

TITULUS XXXIII.

Pectunculus echinatus. Concha echinata Rondeletii, Gesneri, Aldrovandi.

Descriptio.

HÆC testa à latere ad latus duos digitos implet, à summo ad imum paulo minus; at ex his multo majores vidimus.

Utraq; testa æqualis, & admodum concava est; modicè crassa; at majores crassæ admodum & validæ sunt.

Circiter viginti striæ majusculæ eminent; in quibus mediis exeruntur aculei quidam curvi, singuli certis intervallis inter se distantes; in canaliculis verò nulli dantur aculei.

Ad imas valvarum oras striæ & canaliculi sibi mutuò committuntur, & respondent.

Ipsæ testæ ad cardinem tribus articulis conjunguntur per modum ginglymi; ita ut eminentes utrinq; mucrones mutuâ insertione, uterq; in oppositæ testæ acetabula cohæreant.

Ei color albidus, etiam cùm adest summa cuticula: intus candidus.

Ambitus ad amussim ferè rotundus, ut in neutrum latus magis procedat.

Locus.

Ad ostium fluminis *Tees* & in litore juxta *Scarborough* post magnas procellas hæ testæ inveniuntur.

TITU-

TITULUS XXXIV.

Pectunculus vulgaris, albidus, rotundus, circiter 26 striis majusculis, at planioribus donatus. **The Cockle.**

HÆC testa à summo ad imam oram rarò digitum su- *Descriptio.*
perat. Ejus verò latitudo paulo major est. At ex his altero tanto majores & amplius vidi.

Huic color albidus extrà, intus candidus. Tribus articulis per modum ginglymi ad cardinem connectuntur testæ; & in his apophyses mucronatæ.

Utraq; testa æqualis, & admodum concava, præ cæteris superioribus sui generis.

Ex altero latere testa in angulum procedit; ex altero rotundatur.

In his circiter 26 strias numerare licet, at non multùm eminent, sed planiores sunt; canaliculi inter strias exigui sunt.

Passim in litore arenoso magnâ copiâ reperiuntur; & à *Locus.*
nostris ad victum colliguntur ab autumno ad ultimum usq; ver.

Gratissimi saporis sunt, & tam crudi quàm cocti eduntur, perinde ut ostrea.

CAP.

CAP. III.

De Tellinis.

A Pectunculis differunt. 1. Quòd binis musculis donentur. 2. Figurâ rhomboide.

TITULUS XXXV.

Tellina intùs ex violâ purpurascens, in ambitu serrata.

Descriptio.

HÆC pulchra testa est: à cardine ad basin digiti tres partes non excedit: à latere verò ad latus ferè sesquidigitum implet.

Extrinsecus albet; intus ex violâ purpurascit.

Modicè crassa est. Ipse umbo exiguus & acutus. Utraq; testa parilis, & minùs concavæ.

Ex alterâ parte in angulum procedit; ex alterâ magis in longitudinem diffunditur, at ambitu rotundo & obtuso.

Minutissimis & creberrimis striis & nihil eminentibus sulcatur: item ejus oræ imæ crenulis minutissimis in modum serræ denticulantur.

Locus.

Ad ostium fluminis *Tees* & in litore juxta *Scarborough* inveniuntur; at è rarioribus conchyliis sunt.

MEMBRUM II.

De Cochleis bivalvibus, alterâ parte aut utrâq; naturaliter semper apertis aut hiantibus.

CAP. I.

De Conchis inclusilibus sive hiantibus, lævibus.

TITULUS XXXVI.

Concha lævis, alterâ tantùm parte clusilis, apophysi admodum prominente latâq; predita.

HÆC testa modicè crassa est.
Vetustæ & detritæ testæ albidæ; vivos pisces nondum vidi. *Descriptio.*

A latere ad latus paululùm duos digitos excedit, à cardine ad imam oram vix sesquidigitum lata.

Quâ parte clusilis, magis concava est, & in ambitu obtuso rotundatur; alterâ vero parte adversâ & semper hiante; minùs elata & veluti prærupta est.

In exteriore superficie leviter rugosa, intùs lævis est.

Ipse umbo, pro testæ modulo, exiguus est. Ei verò unicus in cardine articulus; ubi in alterâ è testis acetabulum sive sinus insignis est; in alterâ apophysis admodum prominens & lata, & instar cochlearis cujusdam sinuata est.

Ad ostium fluminis *Tees* non raræ. *Locus.*

TITU-

TITULUS XXXVII.

Concha fusca, longissima, angustissimáq;, musculo ad cardinem nigro; quibusdam 𝕾𝖔𝖑𝖊𝖓 dicta.

Descriptio.

HÆC testa 7 minimùm digitos longa; vix unum lata est. Huic summa cuticula sive membrana, quâ tegitur, subfusca est; intus albet.

Est etiam testa tenuis, lævis, modicè concava.

Utraq; testa æqualis; musculo nigro conjunguntur; ipse a. cardo prope alteram partem; in altera è testis duæ exiguæ apophyses dentiformes, in alterâ tenuis velut lamella in binos alterius dentes excepta.

Utraq; pars extrema retusa, & quasi prærupta; utraq; semper aperta & naturaliter hians.

Locus.

Post magnas procellas hybernas copiosè in litore juxta *Scarborough*, & alibi colliguntur.

CAP. II.

De Conchis naturaliter hiantibus, striatis.

TITULUS XXXVIII.

Concha alterâ parte dimidiâ striis undatim crispatis donata, alterâ lævis; apophysi longâ, angustâ, recurvâ, dentiformi. An è Peloridibus antiquorum?

Descriptio.

HÆC testa insolitâ admodum figurâ est; similem certè non vidi: an ad Peloridas quorundam accensenda, & quòd prodigiosa sit, & quòd utrinq; semper naturaliter

De Cochleis Marinis.

turaliter pateat? Hæc a. requirunt authores ex vocis variâ interpretatione.

Modicè craſſa eſt; à latere ad latus paulo ſupra duos digitos lata, à cardine ad imam oram digitum non multùm excedit.

Pars gibba per medium diſtinguitur unico latiuſculo ſulco, rugis tranſverſis ſtriato; altera medietas lævis aut certè leviter rugoſa, altera denſis ſtriis undatim criſpis, & à latere ad latus procedentibus donatur; ipſæ etiam eædem ſtriæ verſus extimam oram quibuſdam aculeis eminentibus exaſperantur: illa. a. medietas, quæ lævis eſt, in ambitu rotundatur, atq; in aciem quandam finitur; hæc verò quæ criſpa, in acutum mucronem procedit; ab ipſo a. cardine ad iſtum mucronem quaſi quædam fimbria tenuis reflectitur.

Pars concava lævis; at è regione ſulci paululùm elata.

In utrâq; teſtâ mira apophyſis, dentiformis, dimidium digitum longa, anguſta, leviter curva, mucronata, & in ipſo mucrone modicè cava.

Hæ admodum frequentes ad oſtium fluminis *Tees* ripâ Eboracenſi. *Locus.*

TITULUS XXXIX.

Concha candida, dupliciter ſtriata, & veluti aculeata.

Illud fatendum eſt, me dubitâſſe an hæc teſta proximè ſuperiori conchæ ſubjici & adnecti deberet, quòd fortè hæc utrinq; cluſilis ſit: tamen quòd hæc tam multis notis cum illa conveniret, eas disjungere nolui. In hac ad cardinem datur ſimilis fimbria reflexa. 2. Aſperitate & undatis ſtriis. 3. Apophyſi longâ & anguſtâ. *Deſcriptio.*

E conchis longis Aldrovandi eſſe video.

C c   Tenuis

Tenuis & fragilis admodum testa est. Colore candidissimo; at qualis is sit in vivis, nescio. Sesquidigitum longa, dimidium lata. Admodum concava, & angusta; & ad modum cylindri rotundatur: hinc eam ex antiquorum *dactylis* esse existimo.

Striæ crebræ à latere ad latus procurrunt, aliæq; transversæ, at paulo rariores eminent, maximè versus illam partem, quæ cardini vicinior; ubi striæ etiam undantur, ut in proximè superiore dictum est, & velut aculeis quibusdam exasperantur.

Item in alterâ parte rotundatur, in alterâ in mucronem procedit, velut in pyloride.

Locus.

Ad ostium fluminis *Tees*, at rariores sunt.

COCH:

De Cochleis Marinis.

COCHLEARUM MARINARUM ANGLIÆ
SECTIO III.
De Cochleis Univalvibus.

CAP. I.
De Cochleis univalvibus, loco mobilibus, vertice integro.

TITULUS XL.

Patella ex livido cinerea, striata. A Flither, Limper, or Papshell.

EX his maxima testa à vertice ad imam marginem paulo supra digitum excessit; ejus a. aperturæ diametrus duos digitos patuit. *Descriptio.*

Ipsa verò apertura sive basis non ad amussim rotundatur, sed paulo longiùs ex alterâ parte ferè procedit: at semper æqualis est ipsa basis, unde constat ipsum animal se de loco in locum movere posse.

Testæ extima pars ferè striis, iisq; interdum multùm eminentibus, distinguitur; at sine certo numero aut ordine: at in multis eædem striæ minùs notabiles.

Hæc testa crassa & valida est; intùs lævis & minimè striata.

Huic color ex livido cinereus sive maculosus & varius.

Ipsum animal, inquit Bellonius, cornua, ut Limax, exerit; & os & caput habet huic persimile.

Scopulis litoralibus per omnia maria nostra magnâ copiâ adhærent. *Locus.*

Cc 2 Lepades

Lepades à piscatoribus crudæ eduntur; teste Rondeletio apud Aldrovandum.

Harum a. præcipuus usus apud nostros piscatores est, ut è testis exemtæ hamísq; injectæ, ad cæteros pisces capiendos escæ sint.

CAP. II.
De Cochleis univalvibus, loco fixis, vertice aperto.

TITULUS XLI.
Balanus cinereus, velut è senis laminis striatis compositus, ipso vertice alterâ testâ, bifidâ, rhomboide occluso.
Balani parva.species, Rond. *apud Aldrovandum,* p. 523. *ejus verò figura ad imam paginam* 522. *habetur.*

Descriptio.   Hujus testæ magnitudo est ad nucem majusculam è corylo.
Color cinereus, albidúsve:
Patellæ quodammodo similis figura.
Scopulis verè adfigitur, non pro arbitrio adhæret, unde per verticem victum sumit. Illud a. inde fit manifestum; quòd si ostreis aut lapidi adhæreat, ejus basis, post separationem à re, cui adhæsit, vestigia rei repræsentat eíq; aptatur.
Ipsa a. testa ex sex laminis striatis constat; sc. tribus majoribus, totidémq; minoribus. Ipse a. vertex alterâ quasi bifidâ clauditur, ut hujus operculi figura quadrata sive rhomboides sit.

Locus.   Passim in scopulis, item navium carinis, musculis, ostreis, &c. adhæret.
Harum carnem coctam animi causâ liberaliùs gustavi; mihíq; primò grata visa est; postea quovis pipere amarior, linguámq; meam diu pupugit.

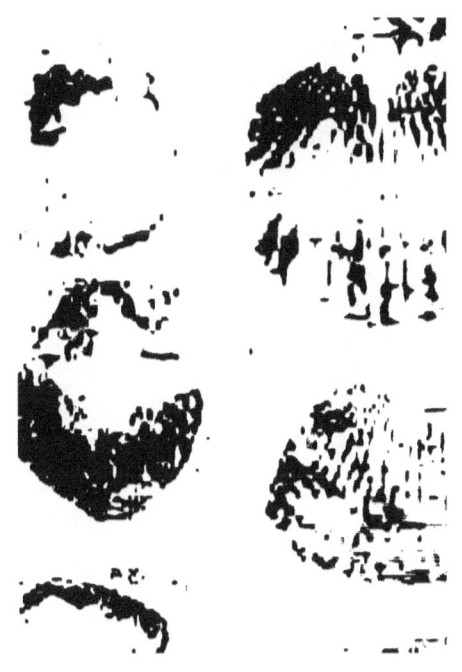

...arum carnem cocram animi causa liberalius gustavi;
mihíq; primò grata visa est; postea quovis pipere amarior,
linguámq; meam diu pupugit.　　　　　　　　COCH-

COCHLITARUM ANGLIAE
SIVE
Lapidum ad Cochlearum quandam imaginem figuratorum
LIBER.

MILITARIUM
ANGL· AB

PRÆFATIO.

Marinam supellectilem nostræ Insulæ proximo libro diligenter exposui; hoc verò subterraneos ejusdem loci Cochlitas, sive Lapides ad Cochlearum quandam imaginem figuratos indicare aggrediar. Non autem ignoro, has rerum viventium imagines multorum ingenia fatigâsse. At eorum sententias non utiq; examinandas putavi, cùm id ab amicissimo viro D. J. Ray, pro suâ quâ pollet eximiâ doctrinâ, novissimè factum esse video. Sed ipsas res coram Lectoribus sisto; ipsæ loquantur. Si tamen eorum sententiæ qui hos lapides terrigenos esse judicârunt, favere videar, non temerè id facio. Nam ex his nostris, ut opinor, observationibus manifestum fiet, aut ita eos ortos esse, aut ipsa animalia, quæ verè & ex toto referant, in rerum natura desiisse generari; siquidem universis Cochleis aliæ figuræ, atq; Cochlitis aliæ.

Quasi verò id argumentum, à rerum utriusq; generis dissimilitudine sumptum (quod tamen unicum in animo penitùs discutiendum habui) ad rem prorsus conficiendam non satis esset; singuli ferè tituli alia quoq; ex abundanti suppetunt. Quorum nonnulla, ab aliis fortè omissa, paucis præfabor.

Quorundam Cochlitarum, etiam Bivalvium, enormem magnitudinem, quàm maximè supra modum Cochlearum in nostro mari observatarum.

In ipsis submarinis rupibus æquè frequenter ac in mediterraneis inveniri: adeò ut ipsa quæ referant animalia,

Præfatio.

malia, ibidem expectare debeamus, quòd ab ipsis locis, ubi aliquando in vivis fuerunt, mare nondum recessit.

Vniversos Cochlitas tam solidos quàm crustaceos ex purâ & merâ lapideâ materiâ concretos esse; ut ex solidis quidam ex utriusq; generis silice: ex Cochlitis verò crustaceis, quâ sui parte Cochleas maximè repræsentant, plerosq; è selenite, aut alio quodam simili fluore resplendente constare. Huc facit membranaceos quasdam Pectinitas ex mero pyrite velut soluto conflatos.

Item Cochlitarum quorundam velut rudimenta & maximè imperfectas figuras passim in rupibus observare licet: siquidem ex ipsis iisdem Cochlitis sunt, qui naturaliter bifores, qui univalves, qui ex utraq; altera, aut aliàs quasi unâ tertiâ aut quavis minore parte mutilati & defectivi inveniantur. At hæc omnia ita evenire credibile est, vel propter loci angustiam, in quo primitùs concrevêre, vel ob materiæ penuriam. Idem crystallis variorum generum aliisq; lapidibus figuratis, quales sunt * *Trochitæ, contigit. Quemadmodum verò in crystallis defectivis suæ notæ sunt; ita & in Cochlitis quomodocunq; imperfectis, quædam tamen non obscura, certè harum rerum peritis, indicia discretiva insunt.*

* Dactylitæ.

Illud, quamvis minimè contra nos facit, non prætereundum silentio duxi, quod Wormius * *de Ostracitis nostris retulit.* 'Ostracites seu Ostreæ, inquit
'ille, in lapidem calcantinum conversæ, omni sui parte
'integræ ex Angliâ ad me sunt transmissæ, figurâ ex-
'ternâ & testis, omnino quod erant, referentes; sed
'duplo aut triplo ponderosiores, colore nigricante, odore
'sulphureo, vel pulveris pyrii, ex illarum corpore vitrioli
'& sulphuris quasi flos quidam exsudavit, imò ipsæ-
'met in humido facilè dissolvebantur, etiam aëri hu-
'midiori saltem expositæ. Ad Littus septentrionale Insulæ
'Sheppey

* Mus.G. p. 87.

Præfatio.

'Sheppey *in Cantio Angliæ reperiuntur. Hæc ille.* Imprimis notandum est, esse littus marinum, ubi hæc inventa sunt, proprio scilicet Ostreorum loco: deinde idem de aliis quibuscunq; Conchyliis marinis ibidem repertis observari posse credibile est; imò ipsos Conchitas, si quos Terra natura ibidem gignat, ita penitus posse imbui, nihil dubito, cùm idem alibi frequenter occurrit. Inter omnes sanè succos lapidescentes, (è quibus tamen non nisi unum & alterum novi) ille qui è pyrite sive vitriolicus, & cochleas & universa tanquam in suam naturam convertere potest. De altero verò succo Calcario, illud testor, me post indefessam diligentiam tandem incidisse in quasdam Cochlearum terrestrium testas, eo succo & intùs refertas, & extrà contectas, at ipsas testas omnino nullam mutationem inde subiisse, vel materiâ, vel crassitie, vel pondere; sed facilè agnosci potuere, pro eo quod unquam fuerunt, sc. pro exuviis Cochlearum terrestrium. Sed de his succis alibi fusiùs tractare meditor.

At quomodocunq; se res habeat, operæ pretium me facturum puto, cùm, si non utiq; perdita (nam alii dicunt, animalia in nescio quâ profundiori marinâ abysso latere posse) at hactenus recondita, adeóq; prorsus nova in lucem proferam.

Illud unum de Figuris, Lector, te scire volo, tuásq; idcirco gratias expecto, eas me summâ diligentiâ ad ipsos lapides depingendas curâsse, cùm res ipsas verbis satis exprimere haud potui. Figuræ autem descriptionibus magno adjumento sunt; siquidem hac ratione ipsæ res velut in conspectum quendam adductæ, memoriæ & intelligentiæ magnopere subveniunt.

Cùm verò hunc librum ad finem perduxeram ecce prodiit in lucem Historia Naturalis agri Oxoniensis, omni literarum genere referta, ab eruditissimo viro D. Plott, Anglicè

Præfatio.

Anglicè scripta. Inter alia verò hoc ipsum argumentum de Cochlitarum origine fusè & doctissimè tractavit. Quoniam autem ibi multæ Lapidum figuræ exhibentur, quas adhuc mihi videre non contigit, illas huic nostræ methodo accommodandas & inserendas putavi, ne quid sciens omitterem, quod nostra tellus uspiam ferat. Ac, si idem diligentissimus Author inceptum opus usq; promoveat, nullus dubito, quin, tantam Insulam penitùs rimando, multò plures hujus generis Lapides figuratos quàm vel ipse, aut ego adhuc descripserimus, apud nos reperiet. Mihimetipsi etiam restant, non pauca aliorum Cochlitarum fragmenta, quorum quia notas characteristicas non adhuc rectè essequutus sum, in præsenti non libenter edo; quòd entium multiplicationem supervacaneam, hujusmodi Historiæ commune vitium, maximè vito & abhorreo. Adeoq; illos in aliud tempus deferendos esse censeo.

Lapidum

Lapidum Angliæ ad Cochlearum quendam modum figuratorum Tabula.

Cochlitæ Angliæ
- Turbinati, *h. e.* unâ velut Testâ, in conum procedente donati :
  - Intorti, sive anfractuosi,
    - Quorum Orbes in se convolvuntur, quibusdam *Ammonis cornua* dicti.
      - Utrinque ad Umbilicum æqualiter concavi :
        - Striati.
        - Læves.
      - Ex alterâ tantùm parte.
      - Umbilico utrinque prominulo.
    - Buccinorum in modum producti :
      - Striati.
      - Læves.
        - Productiores.
        - Figurâ compactili sive Cochleæ-formes.
  - Qui Helicem, sive volutam non habent :
    - Striati subrotundi, ut Echinitæ.
      - Striis in omnes lapidis partes æqualiter procedentibus.
      - Striis inæqualiter procedentibus.
    - Læves in longum acumen fastigiati, ut *Belemnitæ*.
- Bivalves :
  - Læves,
    - Utrâq, testâ æquali sive æqualiter concavâ.
      - Figurâ ex alterâ cardinis parte diffusiore.
      - Ex utraque cardinis parte æqualiter diffusi, minúsq; profundè à cardine ad oram demissi.
      - A cardine ad imum marginem productiores.
      - Ventricosi, quibusdam Bucarditæ.
    - Testis inæqualibus & dissimilibus,
      - Ostracitæ.
      - Conchitæ rostrati.
  - Striati,
    - Auriti, Pectinitæ.
    - Sine auribus, Pectunculitæ.

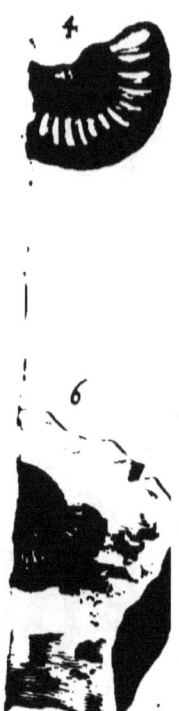

COCHLITARUM ANGLIÆ
PARS I.

De Lapidibus Turbinatis.

SECTIO I.
De Lapidibus turbinatis, Intortis.

MEMBRUM I.

De Lapidibus Turbinatis, Intortis, quorum Orbes, ſerpentum in modum in ſe convolvuntur, quibuſdam Ammonis Cornua dictæ.

ARTICULUS I.

De Ammonis Cornubus, utrinq; ad umbilicum æqualiter concavis.

CAP. I.
De Ammonis cornubus ſtriatis.

TITULUS I.

Ammonis cornu maximum, ſtriis crebris in ipſo ambitu parùm eminentibus, aliiſq; utrinq; ad latera raris, craſſis, elatis.

An 15. Tab. 5. D. Plott? in eo tantùm à noſtro differre videtur, quòd ejus lapidi dorſum læve eſt.

HIC noſter lapis 13 digitos in diametro colligit ; at *Diſcriptio.* tres tantùm in ambitu craſſus eſt. Ad umbilicum utrinq; æquè concavus eſt, & ibidem idcirco multo minùs craſſus eſt.   Quatuor

De Lapidibus Turbinatis.

Quatuor tantùm orbes numerarare licet.

Ejus extimus ambitus, sive spina planior est; at striis transversis crebris, exiguis, parùm eminentibus distinctus est. Item ex utrâq; parte extimi orbis aliæ quoq; transversæ striæ; quæ ut crassæ & elatæ, ita raræ, vix ampliùs 12 sunt. In secundo verò Orbe, ut ille minor est, ita ipsæ striæ & multo crebriores minorésq; sunt; atq; eâdem ratione in reliquis intimioribus orbibus ad centrum usq; striæ & numero augeri & minui videntur.

Huic color albidus est; alium verò hujus generis lapidem sublividum, æneóq; quodam splendore relucentem, fabam magnitudine vix excedentem, vidi.

Locus. Maximum è Lapidicinâ calcariâ juxta *Nunnington* oppidulum agri Eboracensis habui: at alterum minimum in submarinis rupibus, maris recessu nudatis, juxta *Spiton* ejusdem agri inveni.

TITULUS II.

Ammonis Cornu, spinâ in ambitu eminente, striis lateralibus paulo ultra mediam tantùm partem Orbis extimi pertingentibus.

Descriptio. HIC lapis quatuor digitos in diametro implet; at paululùm uno digito crassior est.

In extimo ambitu velut spinam, hoc est, unam striam acutam eminentémq;, inter duos profundiores sulcos mediam habet: hujus autem spinæ unitas nusquam interrumpitur.

Striæ verò laterales curvæ procedunt; at orbis non multo ampliùs quàm tres partes occupant; in quo magnum hujus speciei discrimen.

Neq; in hoc lapide amplius quatuor orbes numerare potui.

De Lapidibus Turbinatis.

potui. Huic lapidi color ferè lividus, certè si ex rupibus aluminosis exemti sint: alios autem ex his & fuscos & ferrugineos vidimus.

Maximè in fractis articulos quosdam observare licet; at in nonnullis iidem ipsi etiam extrinsecùs apparent, sc. quodam opere foliaceo singulos articulos distinguente. Intùs ferè materiâ quâdam crystallinâ suffarcinantur. Cæterùm pars crustacea interdum ex ferri gleba constat.

Horum a. lapidum magnam copiam vidi in rupe alu- *Locus.* minosâ juxta *Whitby* agri Eboracensis.

TITULUS III.

Ammonis cornu, spinâ in ambitu eminente, striis lateralibus ex toto Orbem extimum trajicientibus.
10. 14. *Tab.* 5. *D. Plott, attende descriptiones.*

Horum lapidum innumeros vidimus mediæ magnitu- *Descriptio.* dinis; at aliorum fragmenta ingentia alicubi à me inventa sunt.

Quem verò describo, duos tantùm digitos in diametro colligit; idem vix dimidium crassus est.

Orbium numerus circiter quaternus. In ejus ambitu velut acuta spina inter duos sulcos media eminet: tamen id non est perpetuum; nam in multis sulci vel utiq; desunt, vel leviter admodum insculpti sunt.

Striæ laterales orbem ex toto trajiciunt; ipsæ ferè & crebræ & eminentes: at nec in his striis idem numerus & elevatio est. Alia etiam occurrunt singularia, ut aliquibus quidem quasi aculei in summis ad spinam striis.

Item in nonnullis articuli foliaceâ quadam picturâ facilè discernendi. Articulorum autem apophyses, sive tubercula, circiter senæ sunt.

Huic

De Lapidibus Turbinatis.

Huic color ferrugineus; nec dubito, quin ex iis sint, qui ex merâ ferri glebâ constent.

Locus. Hos lapides in rivulo juxta *Bugthorp* agri Eboracensis oppidulum copiosè invenimus. Item in descensu colli supra Monasterium *Byland* dictum, in lapide velut arenaceo cinereóq; inclusos. Item in Lapidicinis juxta *Hinderskelfe* & *Nunnington*; ubi horum lapidum ingentia fragmenta habentur.

N. B. In Conchitæ rostrati, infrà describendi, Titulo 45. externâ parte, hujus cornu Ammonis orbes striatos profundè velut insculptos vidimus, eúmq; apud nos servamus; sanè ac si ejus matricis fusoriæ altera pars dimidia esset. Id quod, ex mente *Stenonis*, Dani, istius Conchitæ mollitiem arguere videtur. Contra verò illud facit; quòd si quando animal fuit, Testam ex naturæ lege indies ab exiguo ovo increscere, proximéq; à parvo indurescere necesse sit: at conchites in justa ejus magnitudine cornu Ammonis impressionem recepit, scilicet dum durus erat; quod absurdum & à rei natura maximè alienum est.

TITULUS IV.

Ammonis cornu striis lateralibus in medio ambitu ad acutos angulos concurrentibus.

Descriptio. HIC lapis è majoribus est, quantum è quibusdam fragmentis conjicere licet; siquidem mihi est unius orbis fragmentum, sesquidigitum latum; at id minùs crassum, quàm reliqui mediocres.

In plerisq; striæ laterales & crebræ & eminentes: in nonnullis verò multo elatiores; & in aliis eædem admodum raræ & ex longis intervallis: intérq; strias unius & ejusdem

De Lapidibus Turbinalis.

dem lapidis interdum aliæ alias altitudine & tenuitate multùm excedunt. Item ftriæ laterales in majoribus paulùm undantur; & univerfis, pro perpetuâ diftinctione, in medio lapidis ambitu ad angulos acutos coëunt & committuntur. Angulorum autem apices craffius lapidis caput fpectant.

In his quoq; lapidibus articulos animadverti.

Item ex his, qui hoplitæ funt, id eft, qui armaturâ quâdam æneâ lucente donantur; adeóq; de pyritarum natura eatenus participant. Præterea fupra ipfam quoq; armaturam, nefcio quam materiam tenuem, & margaritarum fplendoris æmulam inductam notavi: ac fi cujufdam Teftæ marinæ quædam reliquiæ effent. Ut rectè ante me Clariffimus Hookius nofter obfervavit. *Micrograph.*

In rivulo, fæpiùs memorando, juxta *Bugthorp*; item in *Locus.* ipfo maris Litore prope *Scarborough* agri Eboracenfis, & alibi ejufdem oræ maritimæ, nempe non longè à *Spiton* in rupibus fubmarinis hi lapides à me reperti funt.

TITULUS V.

Ammonis Cornu; anfractuum, fingulis ftriis ipfam fpinam trajicientibus, fibiq; invicem ad alterum latus, ubi terminantur, adplicitis.
Hujus figuram, rudem licèt, nobis primùm exhibuit
J. Bauhinus, H. Font. Boll. pagg. 5, 6, 7, 8, 10. *item* 12. *Tab.* 5. *D. Plott.*

HIC lapis modicæ magnitudinis eft; ejus diameter *Defcriptio.* tres digitos rarò explet.
In illo quinq; circumvolutiones numerare licet; idem earum numerus & in maximis & in minimis eft, quos fabas equinas vix excedentes vidi.

De Lapidibus Turbinatis.

Striæ huic crebræ, ad ambitum quasi multiplicatæ & implexæ: sed si rem paulo curiosius consideres, nihil etiam ibidem illis ordinatius est; nimirum singulæ spinam trajiciunt, & ad invicem altera alteræ adplicita, ex altero, circiter medio an paulo minùs, latere finiuntur. Atq; hæc nota characteristica longè insignis est: at plurimæ varietates sunt in crassitudine, raritate & densitate striarum; item aliis sunt quidam Aculei è striis lateralibus eminentes; aliis extimus ambitus latissimus præ cæteris & in aciem depressus est, &c.

In his quoq; lapidibus & articulos foliaceâ quâdam picturâ conspicuos, &·alios plurimos Hoplitas, h. e. velut armaturâ coloris auricalcei ornatos, sc. eatenus pyritæ participantes.

Locus. In rupibus aluminosis juxta *Whitby* admodum frequentes sunt, & passim in litore marino ab ostio fluminis *Tees*, ad albos usq; scopulos à *Spiton* denominatos. Item in vicinia *Wansford* agri *Huntingtoniensis*.

Ferè autem medio quodam lapide sphærico, aut paulo depressiore inclusi sunt; cujus latera disrupta, exemto Ammonis cornu, matricis cujûsdam fusoriæ duo dimidia repræsentant. Atq; hæ ipsæ pilæ non rarò, maximâ sui parte, è pyrita sunt.

TITULUS VI.

Ammonis Cornu striis lateralibus versus ambitum furcatis
Ex D. *Plott* 11. Tab. 5.

IS lapis mediæ magnitudinis est: subflavescit: striæ laterales ex ejus media parte ferè singulares procedunt, at pleræq; eædem antequam ad ipsum ambitum pertingant, bifurcantur; dorsum multùm protuberat; tamen id quoq; striatur.   Juxta

Juxta *Cleydon* oppidulum agri Oxonienſis reperiuntur. *Locus.*

TITULUS VII.

Ammonis cornu ſtriis lateralibus verſus ſpinam concurrentibus, & in Tubercula quædam unitis, aliiſq; minùs eminentibus dorſum trajicientibus.
Ex D. Plott 13. Tab. 5.

HUjus lapidis ſtriæ pleræq; juxta ambitum in quædam Tubercula coëunt: ipſum verò dorſum latiuſculum & eminens aliis ſtriis trajicitur.

Ex his alii molles, alii duri lapides ſunt.

In argillâ ſubcæruleâ juxta *Great-Rolwright*, ejuſdem *Locus.* agri, à Templo verſus orientem reperiuntur.

CAP. II.

De Ammonis Cornubus, utrinq; ad umbilicum equè cavis, lævibus.

TITULUS VIII.

Ammonis cornu, læve, pellucidum, crebris articulis, ſi lumini objiciatur, velut undatis diſtinctum.

HIC lapis exiguus eſt; neq; enim in diametro dimidiam unciam implet. *Deſcriptio.*

Lævis, & pellucidus eſt; ſi tamen inter lumen & oculum ponatur, crebros ejus articulos, velut ſtriis undatis diſtinctos,

distinctos, observare facile est. Figura autem depressa est, aliquantóq; magis ad ambitum.

Medius verò lapis haud parvo foramine pertunditur; at id fracti lapidis vitium videtur: cúmq; adeò is integer fuit, ibidem mediis aliquot spiris impletum fuisse, credibile est.

Locus. Ex hâc specie hunc unum in rivulo juxta *Bugthorp* inveni.

ARTICULUS II.

De Ammonis cornubus, ex alterâ tantùm parte ad umbilicum cavis.

TITULUS IX.

Ammonis cornu læve ex alterâ tantùm parte ad umbilicum cavum, spiris ferè teretibus.

An 12. *Tab.* 6. *D. Plott?*

Descriptio. HIC lapis lævis est, nec ullis omnino striis donatur. Magnitudine verò multùm variat: etenim ex his minimos habui lenticulares; aliófq; in diametro ad sesquidigitum patentes vidi.

His verò omnibus orbes subteretes: ita in circumvolutione ordinantur, ut qui umbilico propiores, paululùm Cochlearum more extra planum egrediantur.

Quatuor tantùm spiras numerare potui.

Ipsius autem lapidis color sublividus, qualis est rupes calcaria plumbifera, è qua exemtus est.

Locus. In quibusdam Lapidicinis inter montes Cravenenses agri Eboracensis.

De Lapidibus Turbinatis.

Eboracenfis inventi funt ; privatim *in a Stone Quarrie betwixt* Afhton-Tarne *and* Frier-head.

ARTICULUS III.

De Ammonis cornu, ex utráq; parte ad umbilicum equè prominulo.

TITULUS X.

Ammonis cornu vix duorum Orbium, ferè reticulato quodam opere depictum, umbilico utrinq; leviter prominulo.

HIC lapis perpufillus eft, quantum hactenus obfer- *Defcriptio.*
vavi, ex iis autem aliquot centenos vidi. Lenticulam rarò excedunt ; alii in diametro quartam digiti partem implent.

Prima fpira five orbis latiffimus eft, & planior, quàm in ullo lapide fupradefcripto : verfus caput autem is adeò extenuatur in aciem, ut penè acutus fit, cùm univerfi fuperiores velut præruptis capitibus fint.

Ultra fecundam verò fpiram vix continuatur ejus circumvolutio. Huic apex five umbilicus ex utraq; parte leviter prominulus.

Hic quoq; fæpe hoplites & armaturâ velut æneâ nitet : ferè verò albidum colorem habet opere quodam reticulato eleganter depictum, five ad imaginem quandam Literarum Sinenfium, nigris lineis.

In profundis cuniculis, unde Carbones foffiles, juxta *Locus.* Coln in agro Lancaftrienfi, copiosè inveniuntur.

Eorum autem Matrices funt quidam lapides five duri

Nodi.

Nodi lapidei ferè rotundi; at ut omnium magnitudinum, ita & penè figurarum. Horum quidem Nodorum figuræ adeò variæ sunt, ut omnigenos ferè fructus aliásq; nescio quas res & naturæ & artis, quales multæ apud Aldrovandum habentur, haud malè repræsentent; ut sunt Diorchitæ, Triorchitæ, Boletitæ, Cucurbitæ, Phialitæ & id genus infinita alia.

Hi autem Nodi plerunq; copiosiùs inveniuntur, in eo rupis strato, quod nostri *Soap-scale* appellant, idq; ferè proximè super ipsos carbones incumbit, unde ipsos Nodos **Soap-balls** nominant. Alibi verò in viciniâ *Halifax* eosdem nodos **Beaume-potts** vocari audio.

In mediis verò hujusmodi pilis horum figuratorum lapidum plurimos unà nidulantes invenies. Jucundum spectaculum!

MEMBRUM II.

De Lapidibus Turbinatis, quorum Orbes Buccinorum in modum producuntur.

ARTICULUS I.
De Buccinis lapideis, striatis.

TITULUS XL.

Buccinites magnus, ventricosus, & striis & rugis quibusdam inordinatis donatus.

Descriptio. HIC inter majores numerandus est; Buccinis quibusdam marinis par & quodammodo similis, at minimè

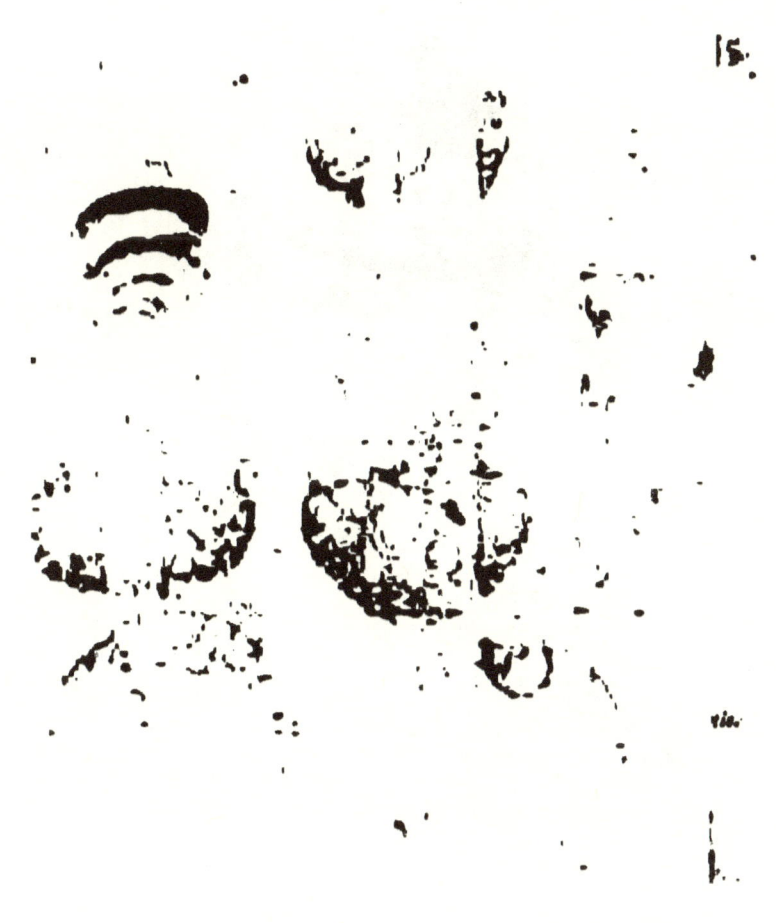

De Lapidibus Turbinatis. 215

mè idem. A basi ad mucronem duos digitos & dimidium implet ; in ipsius verò basis diametro paulo minor est, adeóq; linea octuncialis ejus basin vix circumambit : ipsâq; ejus basis planior est, itaq; non malè Trochites appellari possit.

Eadem basis striis crebris & minutis, tamen satis eminentibus distinguitur ; eædémq; striæ secundùm omnes spiras ad ipsum usq; mucronem procedunt.

Sex minimùm anfractus, unum altero minutiorem numerare licet.

Item in singulis orbibus præter strias sunt etiam quædam rugæ transversæ ipsis striis paulo eminentiores, asperiores, inordinatæ.

Hunc lapidem in Rivulo juxta *Bugthorp* inveni. *Locus.*

TITULUS XII.

Buccinites exiguus, striatus, striâ mediâ singulorum orbium paulo eminentiore.

HIC lapis in minimis numerandus est ; inter senos ferè orbes finitur. *Descriptio.*

Ejus basis paulo magis eminet, quàm in proximè superiore ; atq; huic etiam similes striæ, ex spirarum ductibus procedentes ; media autem stria in singulis orbibus maximè super cæteras eminet. Item è striis quædam ex innumeris quasi punctulis eminentibus sive exiguis Tuberculis constare videntur.

Hic paulo productior & angustior est pro magnitudinis ratione, quàm proximè superior ; at totâ longitudine vix dimidiam unciam explet. Ei color subfuscus est.

Hunc quoq; in eodem Rivulo juxta *Bugthorp* inveni. *Locus.*

TITU-

De Lapidibus Turbinatis.

TITULUS XIII.

Strombites eleganter striatus dimidium digitum longitudine vix explens.
Ex D. Plott Fig. 2. Tab. 4.

Juxta *Heddington* agri Oxoniensis repertus est.

ARTICULUS II.

De Buccinis lapideis, lævibus.

CAP. I.

De Buccinitis lævibus, figurâ productiore.

TITULUS XIV.

Buccinites lævis, albidus, spiris numerosis, inter se haud contiguis.
An 1. Tab. 4. D. Plott?

HUNC lapidem ex toto integrum adhuc non vidi: at illum ad plures digitos produci ex fragmentis credibile est. Ejus alterum caput crassius linea triuncialis vix circumambit: paulatim in mucronem tenuem acutúmq; ex numerosis spiris definit.

Ipsæ autem spiræ læves planiorésq; sunt, aut certè mediis earum partibus leviter rotundatæ. Item altera alteræ haud ullatenus superinjicitur, neq; inter se quidem contingunt,

ut

De Lapidibus Turbinatis.

ut in universis animalium cochleis, quantùm hactenus vidi. Ipsa autem intervalla, quæ spiris intersunt, materiâ quâdam crystallinâ ferè replentur.

Huic color albidus, & materia calcaria, qualis rupes est, unde excisa est.

Ex his aliquot è Lapidicinis, quæ sunt juxta *Hinder-* *Locus.* *skelfe* & *Newton* truncatos habui; aliósq; ipso itinere, quod ad *Whitby* ducit, 3 circiter milliaribus ultra *Pickering* oppidum agri Eboracensis.

TITULUS XV.

Buccinites lævis, sublividus, spiris octonis arctè inter se conjunctis.

HIC lapis lævis est, longitudine digitum rarò im- *Descriptio.* plet; sæpius dimidio minor est. Eadémq; ferè mensura basin circumambit, à basi in tenuem acutúmq; mucronem paulatim minuitur.

In integro lapide circiter 8 spiras numerare licet; hæ verò arctissimè inter se conjunguntur; parùm aut nihil eminent, sed extimo ambitu velut planæ sunt. Ei color sublividus, & è materiâ calcariâ est, quale est saxum, in quo inventus est.

Ex his aliquot invenimus in Lapidicinis saxi plumbiferi *Locus.* regionis montosæ *Craven* dictæ.

F f   CAP.

CAP. II.

De Buccinitis lævibus, figurâ compactili, quos priva-tim Cochlitas vocari malumus.

TITULUS XVI.

Cochlites lævis, ore ad amussim rotundo exiguo.

Descriptio. HIC lapis in basi vix tres partes digiti implet; & paulo minùs altus est. Primus ejus Orbis ore rotundo aperitur; certè circulus magis exactè describi non potest.

Item in primo orbe extrinsecus unica lacuna, sive sulcus leniter impressus est; à quo aliquot obscura lineamenta hinc & illinc obliquè procedunt; aliàs lævis est.

Non ampliùs quatuor Orbes numerare licet, qui breviorem etiam, altero alteri superinjecto, figuram efficiunt.

Præterea in mediâ basi est quoddam foramen sive sinus, in quem specillum satis profundè demitti potest; atq; id more quarundam Cochlearum ex animalibus.

Locus. Huic color albidus, è saxo calcario albido in Lapidicinis juxta *Whitwell* agri Eboracensis exemtus est.

TITULUS XVII.

Cochleomorphites sex spirarum.
Ex D. Plott Fig. 11. Tab. 6.

Juxta *Teynton* & *Shottover hill* agri Oxoniensis inventus.

SECTIO

SECTIO II.

De lapidibus Turbinatis, helicem non habentibus.

ARTICULUS I.

De Lapidibus sine ullâ volutâ Turbinatis, striatis, subrotundis, plerisq; Echinitæ dicti.

CAP. I.

De Echinitis striis in omnes lapidis partes æqualiter procedentibus.

TITULUS XVIII.

Echinites siliceus, vertice fastigiato.
13. *Tab.* 2. *D. Plott.*

Hujus generis lapides plurimos habeo; at magnitudine discrepant; ex iis illum, quem depingi feci, describam: à vertice ad basin sesquidigitum altus est; ad eandémq; ferè mensuram ejus diameter patet. *Descriptio.*

A vertice ad basin quinæ striæ duplicatæ procedunt, in mediâ basi rursus coëuntes, lapidémq; in totidem æquales partes secant.

Ipsæ autem striæ è multis exiguis lineolis transversis constant; atq; hæ lineolæ in aliis multo crebriores, in aliis longiores, in aliis ex binis rotundioribus foraminibus, in aliis ex iisdem simplicibus sunt.

220 *De Lapidibus Turbinatis.*

Ipsa verò basis plana, nisi in ejus medio, ubi leviter cavus rotundúsq; sinus est: horum itidem lapidum vertices variant, at in plerisq; magìs fastigiati sunt.

Ejus materia è silice propriè sic dicto est.

Alii extrinsecùs læves & perpoliti; alii scabri & inæquales sunt.

Color varius, interdum albidus, subfuscus, pellucidus. Ipsi è medio nigro silice ex his aliquot exemimus.

Locus. Hi lapides in partibus Angliæ Australibus, ubi nigri silices abundant, copiosè habentur.

TITULUS XIX.

Echinites orbiculatus, depressus, siliceus; quibusdam Ombria. Gesn. de figuris Lapid. p. 61. Aldrou. Mus. Mett. p. 61.

Descriptio. HIC lapis exiguus est, vix tres digiti partes latitudine; crassitie verò non ultra quartam partem implet.

Ex utraq; parte, etiam ubi in proximè superiore vertex eminet, & planus & æquali ferè cavitate donatus.

Quinæ duplicatæ striæ ejus latera ex æquis intervallis distinguunt; eæ autem ex exiguis *Tuberculis* constant.

Item hic lapis ex vero silice est.

Locus. Ex his aliquot in agro *Norfolciensi* collectos habemus.

TITULUS XX.

Echinites parvulus striis capillaceis undiq; insignitus. Ex D. Plott Fig. 9. Tab. 8.

Juxta *Teynton* agri Oxoniensis inventus est.

TITU-

TITULUS XXI.

Echinites vertice planiore, striis è Tuberibus quibusdam grandioribus constatis donatus ; ex ovis anguinis quorundam.

HIC lapis Ovi dimidii gallinacei magnitudinem implet ; digitum altus, sesquidigitum in diametro ad basin colligit. Ipsa basis plana, vertice paulo angustiore ; at eodem depressiore & minùs fastigiato. *Discriptio.*

A Vertice quinæ duplicatæ striæ æqualiter procedunt, & mediâ basi concurrunt. Hæ autem striæ è Tuberculis majusculis multúmq; eminentibus constant, eadémq; certis nec brevibus intervallis à se invicem distant ; præter quæ sunt etiam frequentes quædam verruculæ undiq; dispersæ.

Ipse lapis albus ex saxo calcis est.

Hunc lapidem è Lapidicinâ juxta *Hinderskelfe* habui. *Locus.*

TITULUS XXII.

Echinites albido-cinereus extrà, ex parte internâ siliceus, nigricans.
Ex D. Plott. Fig. 4. Tab. 5.

EX toto tenuissimis laminis micantibus, ex adverso lapidis dispositis, contegitur : ex quibus etiam Tubercula & sinus constant.

Juxta *Stonor-house* agri Oxoniensis inventus est.

TITU-

TITULUS XXIII.

Echinites Ovarius.
Ex D. Plott Fig. 5. Tab. 5.

Juxta *Teynton* agri Oxoniensis inventus est.

TITULUS XXIV.

Echinites ovarius parvus.
Ex D. Plott Fig. 6. Tab. 5.

A Proximè superiore differt, quòd huic exiguo æquè magna Tubercula, at multo pauciora. Ibidem ubi proximè superior repertus est.

TITULUS XXV.

Echinites velut laminis quinangularibus distinctus.
Ex D. Plott Fig. 3. Tab. 5.
An echinus lapis Aldrovandi de Testaceis lib. 3. cap. 40?

Descriptio.

HUIC durities velut silicea: color subflavus: primùm quinis modicè rectis lineis divisus ex utraq; parte duplici punctorum serie exornatis, ab umbilico protuberante in lapidis basi ascendentibus ad alterum similem in ejus vertice; sed rosæ in modum foliaceo. Deinde rursus aliis quinis serratis lineis subdivisus, antequam ad umbilicum pertingant, finitis: quo fit, ut universa spatia lineis interjecta quinquangula sint; ad similitudinem squamarum cujusdam Testudinis.

Locus.

Juxta *Stonor-house* agri Oxoniensis inventus est.

CAP.

CAP. II.

De Echinitis, striis inæqualiter procedentibus.

TITULUS XXVI.

Echinites è lapide Selenite, quinis radiis è duplici serie transversarum lineolarum conflatis.
An 12. Tab. 2. D. Plott?

HIC mediocris lapis est; ex alterâ parte paululùm gibbus; ex alterâ, quam basin voco, planior est. Deinde haud æqualiter rotundatur; sed ex alterâ ambitûs parte paulo angustior est, ex adversâ parte sinu quodam velut inter binas nates diducitur. Isti verò sinus modioli & umbilici à quibusdam appellantur. *Descriptio.*

Item huic quinæ velut fasciæ, inæqualiter procedentes, è duplici serie lineolarum transversarum conflatæ. Et ut circa medium verticem incipiunt, ita ad mediam basin rursus concurrunt; sc. utrobiq; sinu quodam cavo excipiuntur.

Ipse autem lapis quasi Selenites est; adeò ex vario situ radios instar Lunæ micantes spargit: at eum è laminis adversùm positis, extrinsecùs certè, constare videtur; an verò alia quædam materia his subsit, aut eædem laminæ ex toto lapidem conficiant, periculum facere nolui, quòd hic mihi solus lapis hujus generis sit.

In saxo albido calcario inventus est in quâdam Lapidicinâ juxta *Newton-Grange* agri Eboracensis: illúmq; ab amicissimo viro D^{no} *Cumber* acceptum fero. *Locus.*

TITU-

TITULUS XXVII.

Echinites præter quinas strias, annulis exiguis innumeris insignitus.
Ex D. Plott Fig. 9, 10. *Tab.* 2.

HIC lapis materiâ quâdam è laminis conflatâ contegitur; ipsæ a. laminæ obliquè positæ sunt.
Figura depressior est: subflavus. Ejus radii ex duplici serie transversarum lineolarum constant: ex omni parte exiguis annulis elegantissimè delineatis exornatur.

Locus.
Hi lapides juxta *Tangley*, *Fulbrook*, & *Burford* agri Oxoniensis oppidula quàm copiosissimè reperti sunt.

TITULUS XXVIII.

Echinites præter radios & annulis duplicatis insignitus.
Ex D. Plott 11. *Tab.* 2. *item* 9. *Tab.* 7.

E Nigro silice; radii autem è duplici punctorum serie, quibus singulis singulæ transversæ lineolæ sunt; item huic alia puncta in mediis annulis duplicatis; quorum mediis spatiis simplex, à finitis verò radiis duplex ordo procedit.

Puncta verò ita in mediis annulis posita, leviter tantùm excavantur, at radii, ut ad medium lapidem extenduntur, ita profundè insidunt.

Juxta *Ashton Rowant* agri Oxoniensis inventus est.

TITU-

TITULUS XXIX.

Echinites, radiorum punctis versus marginem annulis o-
valibus inclusis.
Ex D. Plott Fig. 14. Tab. 2.

HUIC lapidi Modiolus non intra radios, velut in superioribus conclusus est, sed ad marginem usq; extensus eminet; à quo centro velut duplices radii procedunt, è duplicatâ punctorum serie constantes, quæ versùs marginem expansa annulis simplicibus includuntur. Ipsi autem annuli, singuli bina puncta circumambiunt, figurâ ovali sunt.

Extrinsecùs cinereus; at intùs è nigro silice constat.

Inter *Ewelm* & *Brightwell* agri Oxoniensis inventus est.

TITULUS XXX.

Echinites punctis prominentibus.
Ex D. Plott Fig. 1, 2. Tab. 3.

HIC lapis extrinsecùs cinereus; intùs è silice nigro. Huic umbilicus superiori similis est; radii autem ab eo descendentes ex toto differunt; horum autem universa puncta prominent, cùm illorum cava sint: & cùm illi in duplicatis virgulis punctisq; processerint, quæ prope marginem in ovalibus annulis inclusa sunt; horum duplicia puncta protuberantia, medio ad marginem itinere, in simplicia versa sunt, quamvis multo ampliora. Deinde cùm jam radii simplicibus punctis procedentes & in umbilico, ex altera parte non mediâ basi posito, concurrentes

& diversimodè basin trajicientes, radiorum virgulis aliis brevioribus aliis longioribus, iridis florem quodammodo repræsentant.

Hujus verò lapidis partes protuberantes universæ cavæ sunt, ut ex earum fracturâ apparet: unde suspicari fas est, aliorum lapidum puncta profundiora olim elata fuisse, perinde ut in hoc; at temporum injuriâ præfracta & detrita fuisse.

Juxta *Pyrton* agri Oxoniensis inventus est.

ARTICULUS II.

De Lapidibus sine ullâ volutâ Turbinatis, levibus, in longum acumen fastigiatis; plerisq; Belemnitæ dicti.

TITULUS XXXI.

Belemnites niger, maximus, basi foratâ.

Descriptio. HIC prægrandis lapis est; at quamvis ex iis ferè innumeros vidi, tamen paucos maximos integros. Unius fragmentum apud me servo quatuor digitos longum, & quod triuncialis linea vix circumambit.

Omnium, certè integrorum basis aliquousq; forata est; reliquus verò lapis versus mucronem ex toto solidus est.

Partem verò cavam modò hæc, modò illa materia opplet: at quòd sit etiam naturaliter in aliquibus materia quædam, tanquam propria lapidis medulla, ex ejus concrematione didici. Etenim Selenitæ instar in albissimam valentissimámq; calcem, medullâ exceptâ, ustulatur; quæ tamen, etiam postquam ignem experta est, nigricat; eáq; ex annulis quibusdam, Entrochorum more dispositis, constat.

In

In ipso verò lapide materia striis ad medullam tendentibus distinguitur.

Perfricatus cornu combustum aut quoddam bitumen olet.

Hi etiam interdum armaturâ ænei coloris micant; & tùm eatenus pyritæ naturam induunt.

Huic color niger; interdùm pellucidus.

In tota illa agri Eboracensis regione montosâ, qui *Blackmore* appellatur, præcipuè abundant: item in Rivulo juxta *Bugthorp* & alibi reperti sunt. *Locus.*

N. B. Diu dubitavi, illáne solida horum lapidum fragmenta, quæ apud me sunt, & de quibus apud plerosq; hujusmodi Historiæ authores lego, alteram speciem constituant: ipsi mecum diligentiùs videant; ego admodum incertus sum, quo ea à superioribus distinguam.

TITULUS XXXII.

Belemnites minimus, ferè cujusdam succini instar & pellucidus & coloratus; quibusdam Lapis Lyncurius *dictus.*

HIC lapis rarò duos digitos longitudine explet; crassitie pennam anserinam haud superat. *Descriptio.*

Huic color succini æmulus; pellucidus.

Basis in hoc quoq; interdum leviter forata, sæpiùs solida est: ferè in acumen longum, velut ille alter maximus, fastigiatur: tamen variè etiam ex suâ naturâ desinit; siquidem illud acumen modò tenue, modò ventricosius, modò obtusius est.

Præterea est ferè quædam fissura una aut plures tam in hoc, quàm in illo superiore lapide; est tamen ubi in utroq; desiderantur.

De Lapidibus Turbinatis.

In hoc quoq; quædam inordinatæ striæ ad centrum procedunt.

Locus. Hunc lapidem plurimis in locis apud nos quàm copiosissimè inveni: at perpetuò in terrâ rubrâ ferreâ, sive ea mollior gleba, sive saxea sit.

In all the Cliffs, as you ascend the Yorkshire *and* Lincolnshire *Wooldes for above* 100 *miles in compass; as at* Spiton, Lawnsborough, Castour, Tedford, Cawkwell.

N. Ad calculum, morbum regium, ventris tormina prodesse dicitur.

nus, in plerisq; altius foratus, cui similem in aliis animalium Conchis non animadverti. Utraq;

COCHLITARUM ANGLIÆ
PARS II.
De Lapidibus Bivalvibus.

MEMBRUM I.
De Lapidibus bivalvibus, lævibus.

ARTICULUS I.
De Lapidibus bivalvibus, lævibus, utráq; valvâ æquè cavâ.

CAP. I.
De Conchitis, figurâ ex alterâ cardinis parte diffusiore.

TITULUS XXXIII.
Conchites major, rugosus, ad figuram triquetram accedens.

HIC lapis ad maximos accedit; scilicet à latere ad latus tres circitèr digitos, à cardine ad imam oram duos tantùm patet. *Descriptio.*

Ipse cardo ad alteram partem rotundam magis inclinatur; altera verò & adversa pars in acutiorem angulum longiùs procedit; adeò ut ad figuram velut triquetram accedit.

Sub ipso cardine ad rotundum angulum est quidam Sinus, in plerisq; altiùs foratus, cui similem in ullis animalium Conchis non animadverti. Utraq;

De Lapidibus Bivalvibus.

Utraq; valva similis & æqualis est; minùs in dorsum elata gibbáve; extrinsecus grandibus rugis transversis & inordinatis distincta.

Valvæ admodum crassæ & validæ sunt; è materiâ quâdam splendente, Selenitæ instar, constant, idq; in novissimè fractis luculenter observare licet. Huic lapidi color albidus, & interdum sublividus est.

Ex his multos bifores & integros invenio; at ex iis etiam sunt, quos disjunctos & naturaliter sigillatim concretos reperies.

Quemadmodum verò externâ facie, ita & internâ & concavâ sui parte satis benè animalium Conchas referunt; adeò ut summum naturæ artificium nunquam satis admirari possumus; scilicet quàm nihil ibidem desideretur, quod uspiam in viventium Testis observamus: nimirùm eædem hic ad cardinem apophyses, etiam vinculorum sive Musculorum vestigia insignia, ut illic, sunt.

Locus.

Ex his multos è ripis rivuli juxta *Bugthorp* effodimus; aliósq; in arena maritimâ juxta *Scarborough* invenimus.

TITULUS XXXIV.

Conchites sublividus, ex alterâ parte velut mucronatus, ex alterâ subrotundus, è rupibus aluminosis.

Descriptio.

HIC lapis rarò nucem majusculam ex avellanâ excedit; quamvis id genus decuplo majores vidi. At hic, quem è multis centenis maximum elegi, â latere ad latus digitum tantùm implet; à cardine verò ad imum marginem digiti quartâ parte minor est.

Extrinsecus admodum gibbus, & ventricosus est.

Ex alterâ parte subrotundus, in quam cardo positus est; ex alterâ adversâ in acutum mucronem producitur; ab eâ
quoq;

De Lapidibus Bivalvibus.

quoq; parte finus eft, in quo medio quafi quædam acies eminet: quâ folâ notâ, ab omnibus Animalium Conchis, quantum notavi, difcernendus eft.

Huic color fublividus eft, perinde ut tota rupes unde exemptus eft.

Ex toto lævis eft: materia, quâ conftat, Selenitæ inftar micat; admodum crâffa eft.

Hos bifores integrófq; femper inveni.

Horum lapidum ingens copia in rupe aluminofâ, juxta *Whitby*, reperitur. *Locus.*

TITULUS XXXV.

Conchites leviter rugofus, depreffior, figurâ quodammodo Mufculorum è fluviatilibus, è Ferri fodinis.

HIC lapis inter mediocres numerandus eft; fesquidigitum latus; à cardine verò ad imum marginem vix digitum attingit. *Defcriptio.*

Ipfe cardo ad alteram partem, quæ etiam rotundatur, magis fpectat; ex adverfâ verò parte in acutiorem angulum procurrit; depreffior eft: atq; hæc omnia ad modum quorundam Mufculorum Fluviatilium.

Leviter rugofus eft: huic color interdum fubniger; ferè cinereus: pars cruftacea, animalium teftis refpondens modicè craffa eft; ac noviffimè fracta, Selenitæ inftar refplendet.

Innumeros unâ concretos vidimus in quodam lapide nigro, ad carbonum foffilium naturam accedente; iifdémq; fodinis non longè à celebri oppido *Hallifax* effoffo. *Locus.*

Item in fimilibus fodinis prope *Leedes* ejufdem agri.

Idem Conchites in Ferri fodinis juxta *Adderton*, & in vicinia *Bently*: ubi ingentia faxa ex hoc conchita cum
ferri

ferri metallo commista habentur ; adeóq; iidem conchitæ, quatenus cavi sunt, ferri glebam in se continent.

Hæc autem saxa nostri homines in laminas secant, & in pulcherrimum marmor lævigant: ex his Mensas in Villa *Whitley-hall* dictâ admodum venustas vidimus.

CAP. II.

De Conchitis ex utraq; parte æqualiter diffusis; at ab ipso cardine ad oram angustioribus.

TITULUS XXXVI.

Conchites albidus, oblongus & angustus.

Descriptio. HIC lapis duos circiter digitos longus est ; at admodum angustus, instar siliquæ fabæ-equinæ. Utraq; valva similis & modicè elata est in dorsum ; item utraq; pars in acutiorem angulum similiter procedit.

Ipse verò cardo longior & planior est ; ex adverso oræ subitò extenuantur.

Materia, è qua constat, cuidam micanti fluori similis est ; lapidémq; in se calcarium albidum complexus est.

Pholades apud Aldrovandum depictos multùm refert.

Locus. Hos in Lapidicina juxta *Newton* in vicinia *Hemsley* agri Eboracensis, ferè in summis saxi stratis invenimus.

CAP.

De Lapidibus Bivalvibus.

CAP. III.

De Conchitis à cardine ad imum marginem demissioribus.

TITULUS XXXVII.

Conchites maximus, margine lato, & ad alteram ejus partem sinu amplo donatus.

HIC lapis inter maximos numerari debet. In dia- *Discriptio.* metro duos digitos & dimidium implet; at ex his duplo minimùm majores & ingentes lapides vidimus; at truncatos.

Ejus margo five ima ora latissima rotundatur, ipsius cardinis umbones exigui, utrinq; æquales, & modicè rostrati: ad alteram cardinis partem amplus sinus, ex introrsum depressis testis est; ex adversâ verò parte potiùs leviter eminet.

Modicè gibbus est: huic color cinereus, albidus; lævis est; si striæ quidem sint, visum ferè effugiunt.

Quod in hoc lapide Testæ respondet, admodum tenue & tenerrimum est. Interdum argillam induratam, interdum saxum calcis, interdum metallum ferri in se continent.

Ex his aliquot bifores, alios verò plurimos univalves sive singulares invenimus.

Hos lapides in rivulo juxta *Bugthorp*, item in Lapidi- *Locus.* cinâ juxta *Lawnsborough*, maximos verò juxta *Bruffe* agri Eboracensis oppidula & alibi in ferri fodinis invenimus.

Item alicubi est in vicinia *Crake*, ubi iidem marmor elegans quoddam cinereum constituunt.

H h   TITU-

TITULUS XXXVIII.

Conchites rugosus, ad figuram quodammodo Musculi marini; è silice propriè sic dicto.

Descriptio.

HIC lapis admodum imperfectus est: tamen, quòd illum sic tantùm sæpè invenimus, utiq; describendus esse videtur.

Inter majores ponendus est. In diametro paulo amplius duos digitos colligit. Ejus margo rotundari videtur: ad cardinem verò paulatim angustior est & quodammodo rostratus ad modum Musculi marini.

Admodum rugosus est; eiq; color ferrugineus aut subflavus, qualis extimus ferè lapis est.

Biforem illum, imò ne alteram quidem è valvis ex toto perfectam, nusquam inveni.

Illud maximè notandum est in hoc lapide, nihil esse, quod Testæ smile sit, præter ipsam figuram; cùm ex toto solidus is sit, & siliceus, & sine omni crustâ; adeóq; pura puta figura est, à vi lapidis insita effigiata.

Locus.

Plurimas velut pilas, aut lapides quàm proximè sphæricos juxta *Bugthorp*, & alibi in vicinis agris collegi: hi verò meri silices albidi sunt.

Ac in his mediis de industria fractis jam descriptorum Conchitarum figuras sæpiùs observavimus.

De Lapidibus Bivalvibus.

TITULUS XXXIX.
Conchites Mytuloïdes.
Ex D. Plott Fig. 1. Tab. 5. an 2. ejusdem Tabulæ?

HI lapides cavi non sunt; sed terrâ quâdam lapidosâ flavescente referti: extrinsecus armaturâ quâdam albâ resplendente contecti; longísq; lineamentis ex lapidis figurâ donati.

In effodiendo puteo juxta *Cleydon* agri Oxoniensis inventi sunt.

CAP. IV.
De Conchitis insigniter Ventricosis, quibusdam Bucarditæ *dicti.*

TITULUS XL.
Bucardites ex albido flavescens, lævis.
Ex D. Plott Fig. 2. Tab. 7.

IN lapidicinis juxta *Heddington* agri Oxoniensis copiosè reperti.

TITULUS XLI.
Bucardites costis donatus.
Ex D. Plott Fig. 3. Tab. 7.

EX his aliquot habuit Author, 2. libras pendentes, decémq; digitos in ambitu.

Juxta

Juxta *Brise Norton* & *Witney*, & *North-Leigh* agri Oxoniensis inventi.

TITULUS XLII.
Bucardites reticulatus.
Ex D. Plott Fig. 4. Tab. 7.

HIC lapis elegantissimè reticulatus est ex quodam lapide albescente alicujus fluoris instar. Quamvìs ad dimidium ferè præfractus, 20 tamen libras pendebat.

Locus.
In cujusdam collis jugo ad plagam orientalem oppiduli *Shetford* agri Oxoniensis.

ARTICULUS II.
De Conchitis lævibus, anomiis, i. e. valvis magnitudine & figurâ, aut utroq; modo inæqualibus, dissimilibusq;.

CAP. I.
De Lapidibus Ostreorum in modum figuratis.

TITULUS XLIII.
Ostracites maximus, rugosus & asper.
19. Tab. 4. D. Plott.

Descriptio. HIC ingens lapis est, ponderosus, validus, admodum crassus, certè quàm longissimè supra modum omnium Conchyliorum. Haud

De Lapidibus Bivalvibus.

Haud primâ facie Oſtreo vulgari adeò diſſimilis, quin minùs diligentes, harúmq; rerum imperitos decipere poſſit.

Figurâ ſubrotundâ eſt, quaquaverſus menſuratus in diametro ad tres, aliquando ad 5. digitos patet: ſeſquidigitum craſſus; de aliquibus, quos apud me ſervo, loquor; nam ex his etiam minutulos vidi.

Ex his alii valdè cavi ſunt; adeóq; in dorſum gibbi; alii & omnium longè maximi parùm cavi. Intus verò læves; in quâ parte etiam quædam non obſcura velut vinculorum veſtigia.

Extrinſecùs autem admodum rugoſi, pleriq; & aſperi: modò ſublividi: modò albidi.

Neq; illud tacendum duxi, ibidem velut quoddam vermiculatum opus aliquando adhærere; perinde ut in Teſtis quibuſdam marinis obſervamus.

Materia, quæ Teſtis reſpondet, verè ex naturâ Selenitæ eſt.

Biſores integros adhuc non vidimus; ut de alterâ è teſtis, an ſit inæqualis, nihil certum ſtatuere poſſumus; tamen quia Oſtrea quàm proximè referant, illos ſe Oſtreorum more habere, ſi quando uſpiam integri reperiantur, nihil dubito.

Item his umbo ad cardinem leviter roſtratus eſt, qui tamen in oſtreis paulùm aliter eſt.

Hi lapides juxta oppidum celebre *Huntington* copioſè reperiuntur; qui ferè ſublividi ſunt, & cavi. *Lacus.*

Item in Lapidicinâ juxta *Hinderskelſe* agri Eboracenſis, ex iis, magnitudine & pondere & craſſitie præ cæteris inſignes ipſe exemi: at hi albidi & parùm cavi fuerunt; & qui ad oſtrea vulgaria multo magis accederent.

TITU-

TITULUS XLIV.

Ostracites minor, cardine angustiore, & ad imum paulo minùs latus, quàm ipsâ parte mediâ; musculi marini instar.

Descriptio.   HIC quoq; lapis anomius est, & uncialis, pro magnitudine validus, modicè in dorsum elatus.
Ipse cardo angustior est, à quo paulatim latescit; at ipso ambitu rursus paulo strictior est, ad modum musculi marini.
Leviter rugosus & albidus est.
Utraq; valva paululùm gibba est.

Locus.   Biforem illum semper inveni, sc. in rivulo juxta Bagthorp agri Eboracensis.

CAP. II.

De Conchitis lævibus, valvis disparibus, rostratis.

TITULUS XLV.

Conchites anomius rugosus, rostro subtereti & insigniter adunco donatus.
18. *Tab.* 4. *D. Plott.*

Descriptio.   HIC lapis maximis annumerandus est; utpote qui tres digitos minimùm longus est, validus, admodum crassus.
Huic figura subteres & angustior est; à rostro paulatùm latescit, ambitu rotundo finitur.

Rugosus;

De Lapidibus Bivalvibus.

Rugosus; est etiam quædam singularis lacuna sive sulcus, ad alteram tantùm partem leviter impressus, à cardine ad imam oram procedens.

E valvis altera insigni rostro adunco donatur; altera planior, & figurâ & magnitudine ita dissimili, ut potiùs alteræ operculum quoddam esse videatur, perinde ut in quibusdam Turbinibus marinis observamus; illud tamen obstat, ut cùm ea opercula ipsis animalibus non conchis jungantur, hæc nostra alteræ per ginglymon connexa sit.

Huic color ferè albidus, interdum sublividus; materia ex fluorum natura.

In utraq; valva musculi quædam vestigia & lata & admodùm profundè insculpta, adeóq; maximè conspicua sunt.

Ex his forte paucos bifores & integros inveni, quos apud me servo; at multo sæpius singulares occurrunt. Imò Opercula (ita ea nobis distinctionis causâ, appellare liceat) in aliquibus locis sola reperiuntur, ut in Lapidicina juxta *Hinderskelfe* & alibi in vicinia: ubi ex his plurima, at sine ullo conchite adunco, quantum observare licuit. Itaq; cave sis opercula alteram lapidis speciem facias; aut ullos Conchitas singulares reputes, quòd integri & bifores nondum tibi occurrerunt. Mihi quidem illud credibile est, Cochlitas, ut aliquando, temporis & loci injuriâ, mutilari possint, ita eosdem modò integros, modò ex dimidiâ, aut minore sui parte etiam naturaliter concretos esse. At quomodocunq; ab integritate deficiant, suum tamen perpetuò charaterem, si benè intelligatur & attendatur, exprimunt.

Hi lapides plurimis in locis agri Eboracensis longè omnium copiosissimè habentur. Ut in rivulo juxta *Bugthorp* & in vicinia in Lapidicinis juxta *Lawnsborough* &c. Item juxta *Burton Stather* agri Lincolniensis & in vicinia ejus oppiduli, &c.

Locus.

TITU-

TITULUS XLVI.

Conchites anomius, rostro prominulo, & veluti pertuso donatus.

De purpura, p. 22.
Concha anomia, i. Vertice rostrato Fab. Columnæ.* Ejg. 8. Tab. 4. D. Plott.

Descriptio.
HIC lapis è minoribus est, à vertice ad imum marginem circiter digitum explet; at latitudine ex tertiâ parte minor est. A vertice paulatim latescit; imus ambitus rotundatur. Plerique compressiores sunt; at ex his aliquot ventricosiores vidimus. Utraq; valva in dorsum modicè elata est; ea verò media, quæ vertice rostrato donatur, propius rostrum, in quoddam fastigium leniter eminet. E valvis altera vertice prominulo donatur, rostrive alicujus adunci in modum; is verò veluti pertusus & subteres est.

Ferè a. in hoc lapide, ea pars, quæ testam refert, admodum tenuis & albida est, fluorisq; cujusdam micantis æmula. At in iis sunt, qui ex toto solidi & pellucidi sunt, id genus silicum instar, quos nostri Pebles appellant.

Alii verò, qui cavi sunt, interdum ferri glebam, interdum cryftallos quosdam continent.

Ex his nullum nisi biforem adhuc inveni.

Locus.
Horum lapidum ingentem copiam in quâdam fossâ sabulosâ juxta *Gunnerby*, uno circiter milliario ab oppido celebri *Grantham* invenimus.

Nihil uspiam inter marinas Conchas huic simile inventum est. Ita Fabius Columna è Nobilum Italorum stirpe; Mirum quidem, inquit ille, hujusmodi Testas recentes & vivas hodie non reperiri; quamobrem è longa maris alluvione profectas & advectas censemus potius, quàm naturam desiisse similes parere.

TITU-

TITULUS XLVII.

Conchites anomius tenuis & compressior, latiusculo & rotundo ambitu.

HIC lapis inter minores ponendus est; circiter digi- *Descriptio.*
tum latus, à cardine verò ad imum ambitum paulo
minor est. Ipse cardo in medio lapide ponitur, ut neutram partem magis spectet; latera latiuscula, utrinq; æquè rotundantur.

Huic præterea figura tenuis & compressa est.

In anomiis rostratis numerari debet; quòd in alterâ valvâ huic vertex leviter propendens; & cui submissior vertex est, ejus media pars paulo minùs in dorsum elata est.

Lævis est & colore sublivido.

Hos Lapides in saxo plumbifero regionis montosæ *Cra-* *Locus.*
ven dictæ, juxta *Stock* & *Braughton* inveni.

De Lapidibus Bivalvibus.

MEMBRUM II.

De Lapidibus bivalvibus, striatis.

CAP. I.

De Lapidibus bivalvibus, striatis, auritis, quibusdam Pectinitæ dicti.

TITULUS XLVIII.

Pectinites varioribus striis.
An 10. 12. 13. *Tab.* 4. *D. Plott?*

HIC lapis, quem defcribo, exiguus eft, vix Uncialis; at ex his aliquot vidi, qui dinos digitos à vertice ad imum ambitum implerent.

Huic auriculæ ftriatæ; at in hoc ftriæ & raræ & eminentes; item illas aliæ lineolæ exiguæ & capillares trajiciunt.

Pectinum more paulatim à cardine latefcit & imo ambitu rotundatur; admodum leviter gibbus eft.

Hunc lapidem nufquam biforem adhuc inveni; at fæpiùs defectivum, vel auriculis, vel majore etiam fui parte; quiq; fic quidem confideranti facilè agnofcendus effet.

Huic valdè tenuis materia cruftacea; at ex natura Selenitæ cujufdam.

Huic color fublividus, fæpiùs ferrugineus, & albidus.

In Lapidicinis faxi albidi calcarii, quæ juxta *Hinderskelfe* & *Thornton* in vicinia *Pickering* agri Eboracenfis, copiosè habentur.

TITU-

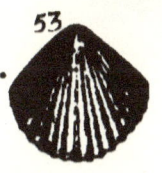

TITULUS XLIX.

Pectinites membranaceus, densè striatus, è pyrite in lapide nigro fissili.

HOS lapides meras imagines aut pectinum umbras aliquis jure dicat; certè vix aliud, nisi eorum figuræ in Pyrite membranaceo sunt. *Descriptio.*

Ipse autem lapis, in quo delineati sunt, niger & fissilis est; scilicet è multis tenuissimis laminis, altera alteræ superinjecta, singulæq; ad crassitudinem pergameni, constant. In singulis autem laminis horum Pectinitarum plures Figuræ eleganter admodum effigiantur; aliæ minutæ; aliæ majusculæ; aliæ integræ; aliæ ex parte tantùm; at universæ sibi similes sunt.

Ex his majores in diametro duos digitos implent; in quibus striæ admodum crebræ & minutæ; etiam eædem in auriculis similiter. Hæ autem minimè eminent, ut nec ipsi Pectinitæ ullâ ex parte; ita prorsus Tabulam pictam aut figuram chartæ impressam repræsentant.

Multi velut ex auro resplendent; adeò ut in iis certè, si quæ materia subsit, ea ex pyrite est.

Ex fodinis carbonum Fossilium juxta *Hallifax*. *Locus.*

TITULUS L.

Pectinites minor, striis capillaribus donatus; è saxo calcario plumbifero.

HIC omnium longè elegans lapis est propter strias capillares. In minoribus numerandus est; sc. dimi- *Descriptio.*
dium

dium digitum à vertice ad imum ambitum implet; à latere verò ad latus paulo amplior est.

In dorsum modicè elatus: in quo medio in quibusdam quædam Lacuna à vertice, ad imum ambitum procedit.

Strias & aures itidem striatas, pectinum more, habet; at hæ striæ adeò minutæ & creberrimæ sunt, ut visum, minùs certè curiosum penè effugiant; singulæ ad capillorum minutiem.

Huic aures pro lapidis modo amplæ; is valdè tenuis & fragilis est; sublividus, & instar Selenitæ noviter fractus renitet.

Plurimos hujus generis lapides in ripa Lapidosa Rivuli per oppidulum *Stock* regionis montosæ *Craven* dictæ transcurrentis inveni. Item, à *Beresford* agri Staffordiensis alios habui.

Hunc biforem nondum vidi.

TITULUS LI.

Pectinites striis duplicibus & tenuissimis, & densissimis, & æquè profundè insculptis; ex quibus quæ secundùm lapidis longitudinem procedunt, ad cardinem, ut in aliis pectinitis fit, non concurrunt; alia verò transversæ singulæ ad cardinem spectant.
Huic color subrufus; suæq; auriculæ sunt.
Ex D. Plott Fig. 11. Tab. 4.

IN lapidicinis oppiduli *Heddington* agri Oxoniensis repertus est.

CAP.

CAP. II.

De Lapidibus, bivalvibus, striatis, non auritis; à me Pectunculitæ nominati.

TITULUS LII.

Pectunculites, densissimis & minùs profundè insculptis striis donatus.
An Fig. 3. Tab. 4. D. Plott?

HIC lapis inter mediocres numerandus est; ei color subrufus. Cætera in Titulo expressi.
Hunc biforem, & vix integrum hactenus vidi.
In Rivulo juxta *Bugthorp* inventus est.

TITULUS LIII.

Pectunculites cinereus, striis ferè ad alteram è vertice partem inclinatis.
An Fig. 14, 15, 17. D. Plott?

HIC lapis mediocribus annumerandus est; raro sesquiuncialis; paulo magis tamen in longitudinem patet, quæ à vertice ad imum ambitum reputanda est; ex alterâ ferè parte paulo productior est, & in hanc & striæ & vertex inclinari videntur.
  Ipsæ verò striæ distinctè eminent & modicè densantur.
  Leniter gibbus est: colore albido: ex tenui materiâ Selenitæ æmula.
  Biforem adhuc nullum vidimus, at biforem esse credibile.

De Lapidibus Bivalvibus.

bile est ex parte productâ; quæ ex parte diversâ in aliis atq; aliis producitur.

In Lapidicinis è saxo calcario albido juxta *Lawnsborough* & *Whitwell* agri Eboracensis sat copiosè reperitur.

TITULUS LIV.

Pectunculites albidus, striis admodùm distinctis & elatis, ex utrâq; parte gibbus, at ex alterâ paulo planior: è collibus cretaceis.

HIC integer & admodum elegans lapis est; modicæ magnitudinis; scilicet à vertice ad imum marginem circiter duos digitos colligit; à latere ad latus paulo minor est.

Ab ipso vertice paulatim latescit; ambitu rotundo desinit; qui à frequentibus etiam striis ibi finitis denticulatur.

Ipsæ striæ & crebræ & multùm eminentes, distinctissimæq; ad summam elegantiam sunt. Item sunt quædam transversæ velut Fasciarum imagines. Ex utraq; parte modicè gibbus est, at ex alterâ parte paulo depressior; in quâ parte ipsæ etiam striæ hîc & illic rarioribus quibusdam Tuberculis exasperantur.

Ea materia, quæ testam refert, & tenuis & albida est, & fluoris cujusdam instar lucida.

In se complectitur cretam albam.

In collibus cretaceis juxta *Rassew* agri Cantabrigiensis inventus est.

TITU-

TITULUS LV.
Pectunculites subsphæricus, è saxo calcis plumbifero.

EX his lapidibus unum, nec illum biforem, ingentis *Descriptio.*
magnitudinis apud me servo: at reliqui omnes, quos vidi, mediocribus annumerari debent; quorum minorum unus in Tabula depictus est.

Hic verò, qui omnium & sui & aliorum generum Cochlitarum bivalvium facilè maximus est, infantis caput æquat; nimirum à vertice ad imum marginem senos minimùm digitos implet; à latere verò ad latus, propter figuram rotundam, vix deni digiti circumambiunt. In dorsum maximè eminet, & in modum orbicularem gibbus est. Item in illo prægrandi Cochlite, de quo jam loquimur, singulæ etiam striæ, pro lapidis magnitudine, minimum ferè digitum crassitie implerent. At in modicæ magnitudinis lapidibus striæ & minutiores & minùs eminent.

Ipse quóq; vertex admodum incurvatur. His color sublividus est.

Ex his maximus juxta *Keighley* inventus est: alii aliis in *Locus.*
locis regionis montosæ *Craven* dictæ in saxo calcis subvivido, plumbiferóq; reperti sunt. Item alios habui ex agro Staffordiensi in saxo calcis cinereo,eóq; tamen etiam plumbifero.

TITULUS LVI.
Pectunculites anomius, cui insignis quædam Lacuna per medium dorsum rectà procedit.
13. Tab. 3. 6. Tab. 4. D. Plott.

HIC lapis modicæ magnitudinis est; à latere ad latus *Descriptio.*
ferè sesquidigitum explet; à vertice ad imum ambitum

bitum uncialis eſt. In dorſum modicè elatus.

Medium dorſum profundior quædam lacuna rectà dividit; item ad imam illam lacunam ipſe margo labri cujuſdam inſtar paulo productior eſt. Reliquæ etiam ſtriæ amplæ & toroſæ.

Ipſe vertex ex altera parte paulo anguſtior & aliquantulum roſtratus eſt; adeóq; inter anomios ponendus eſt.

Juxta cervices quaſi humeri acuti eminent, ut in pectinitis, ſi aures iis demptæ eſſent.

Inſignem craſſitudinem horum lapidum, quâ parte teſtas referunt, ſatis mirari nequeo; certè multùm ſupra modum omnium viventium Concharum. At his eadem ferè materia, quæ reliquis pleriſq; figuratis corporibus, in iiſdem rupibus inventis, ut Trochitis, de quibus alibi * fuſè tractavi, ſc. è cujuſdam fluoris naturâ.

* *Philoſoph. Tranſact. dict. D. Oldenburgh n. 100. p. 6181. Locus.*

Ex his innumeros in ſaxo calcario ſublivido, plumbiferóq; quodam oppidulo regionis *Craven*, *Stock* dicto inveni. Ubi omnes, quantum vidi, ſingulares fuerunt.

At ex agro Staffordienſi biſſes cinereos habemus; & ex ipſis ſubmarinis rupibus juxta *Scarborough* biſores ſolidos, pellucidos, & quaſi ſiliceos ipſe exemi.

Imò unum apud me ſervo ex ſilice propriè ſic dicto albo & non pellucido, quod experimentum de chalybe captum abundè teſtatur.

N. B. Reliquis omnibus, exceptis iis, qui juxta *Stock* inventi ſunt, iſti humeri anguloſi deeſſe videntur; imò aliquibus & labrum & lacuna haud ita conſpicua ſunt; eaſdem varietates plurimas in cryſtallis quibuſcunq; obſervare licet.

TITU-

TITULUS LVII.

Pectunculites anomius trilobus. Concha altera anomia striata τρίλοβος rarior. I. Fab. Col. *

* *De purpura,*
p. 22.

HUIC lapidi rara admodum Figura est, & cui similis *Descriptio.* nusquam, quod novi, inter conchas viventes, reperitur; ut autem rara, ita haud inelegans forma est.

Huic modica magnitudo est; maximam è multis describam; à vertice ad imum ambitum digitalis, at paulo latior est.

Utraq; valva quasi triloba est; at inter se dissimiles; siquidem è valvis illa, quæ ventricosior, minor est, eademq; sub alterius vertice leviter rostrato inseritur: hujus verò minoris media pars multùm protuberat, versúsq; imum ejus marginem duæ hinc inde lacunæ, in plerisq; satis depressæ, illam quasi in tres lobos diducere videntur; at ea tamen una est, quamvis, ut rectè Fabius Columna, è tribus testis simul junctis constare videtur.

Altera è valvis, cujus vertex rostratus est, medium lobum in sinum amplum depressum & paulo productiorem habet: duo autem ejus reliqui lobi & paulo breviores sunt & admodum eminent. Hâc parte, inquit Fab. Columna hic conchites Aviculam alis expansis incurvam repræsentare videtur.

Striarum & modus & numerus minùs certus est; siquidem in aliis pauciores, in aliis crebriores & minùs elatæ videntur: in plerisq; margines denticulantur ob strias eò usq; productas & ibidem profundiùs sulcatas: è contra versus verticem eædem striæ leviter insculptæ, & penè obliterantur.

Ex his alii crustis Selenitæ cujusdam æmulis conteguntur, glebam aluminosam, aut ferream, aut alterius nescio cujus

cujus naturæ terram complexi: alii ex toto solidi, pellucidi, quasi silicei.

Hos lapides bifores integrósq; semper & ubiq; invenimus. At ex his tamen alii multi ferè plani & sine lobis sunt; alii vix striis donati.

Hic lapis in multis Angliæ locis frequens est: ut in Fossis sabulosis juxta *Gunnerby* agri Lincolniensis. Item in saxo plumbifero agri Derbiensis. Item in submarinis rupibus aluminosis ad *Spiton* agri Eboracensis.

TITULUS LVIII.

Pectunculites striis latiusculis undatis, toncham Tridacnam Aldrovandi quodammodo referens.
Ex D. Plott Fig. 4. Tab. 4.

HUNC juxta *Great Rolwright* agri Oxoniensis in argillâ sublividâ; è qua constare videtur: materiâ tamen æneâ resplendente ex parte contegitur.

TITULUS LIX.

Pectunculites striis densis & minutis transversis circularibus, utraq; valva admodum gibba.
E solido lapide cinereo, quale est ipsum saxum, è quo exemptus est.
Ex D. Plott Fig. 5. Tab. 4.

HIC lapis in Lapidicinis, juxta *Heddington* agri Oxoniensis inventus est.

FINIS.

Typographorum lapsus sic corige.

Pag. 8. lin. 9. lege eos, p. 25. l. 1. adde folii cujusdam, p. 28. l. 25. dele verò, p. 29. l. 23. leg. minimè, tantùm juxtà ovorum, p. 33. l. 4. dele quòd, leg. ut, p. 39. l. 9. leg. nimirum ; ibid. l. 30. leg. viridia, p. 41. l. 15. leg. transversæ, p. 42. l. 6. leg. ipsius, p. 48. l. 3. leg. mudari ; ibid. l. 4. leg. qui, p. 112. leg. ipsum, idem ad p. 136, 137. 125. 140. p. 113. l. 25. leg. multiplici, p. 124. l. 6. leg. hæ, p. 132. l. 10. leg. cæruleus, p. 133. l. 16. leg. clauduntur, p. 141. L 21. leg. conchyliis ; & l. penult. conchylia, p. 155. l. 10. leg. dicta, p. 181. l. 4. leg. expositum ; ibid. l. 12. leg. alto, p. 194. l. 12. leg. pyloride. Præfat. in Cochlitis. ultim. pag. l. 13. leg. assequutus, p. 205. l. ult. leg. crassus.

Et si quæ alia Errata sunt, candido Lectori emendanda permittuntur.

www.ingramcontent.com/pod-product-compliance
Lightning Source LLC
Chambersburg PA
CBHW031939230426
43672CB00010B/1980